O ANTICRISTO

Friedrich Nietzsche

TEXTO INTEGRAL

TRADUÇÃO : PIETRO NASSETTI

Os Objetivos, a Filosofia e a Missão da Editora Martin Claret

O principal Objetivo da MARTIN CLARET é continuar a desenvolver uma grande e poderosa empresa editorial brasileira, para melhor servir a seus leitores.

A Filosofia de trabalho da MARTIN CLARET consiste em criar, inovar, produzir e distribuir, sinergicamente, livros da melhor qualidade editorial e gráfica, para o maior número de leitores e por um preço economicamente acessível.

A Missão da MARTIN CLARET é conscientizar e motivar as pessoas a desenvolver e utilizar o seu pleno potencial espiritual, mental, emocional e social.

A MARTIN CLARET está empenhada em contribuir para a difusão da educação e da cultura, por meio da democratização do livro, usando todos os canais ortodoxos e heterodoxos de comercialização.

A MARTIN CLARET, em sua missão empresarial, acredita na verdadeira função do livro: o livro muda as pessoas.

A MARTIN CLARET, em sua vocação educacional, deseja, por meio do livro, claretizar, otimizar e iluminar a vida das pessoas.

Revolucione-se: leia mais para ser mais!

MARTIN CLARET

COLEÇÃO A OBRA-PRIMA DE CADA AUTOR

O ANTICRISTO

Friedrich Nietzsche

TEXTO INTEGRAL

MARTIN CLARET

CRÉDITOS

© *Copyright* desta tradução: Editora Martin Claret, 2005

Título original: *Der Antichrist*

IDEALIZAÇÃO E COORDENAÇÃO
Martin Claret

CAPA
Ilustração
Cláudio Gianfardoni

MIOLO
Revisão
Antonio Carlos Marques
Mauro Araujo de Sousa

Tradução
Pietro Nassetti

Projeto Gráfico
José Duarte T. de Castro

Direção de Arte
José Duarte T. de Castro

Digitação
Conceição A. Gatti Leonardo

Editoração Eletrônica
Editora Martin Claret

Fotolitos da Capa
OESP

Papel
Off-Set, 70g/m²

Impressão e Acabamento
Paulus Gráfica

Editora Martin Claret - Rua Alegrete, 62 – Bairro Sumaré
CEP 01254-010 – São Paulo - SP
Tel.: (11) 3672-8144 – Fax: (011) 3673-7146

www.martinclaret.com.br

Agradecemos a todos os nossos amigos e colaboradores — pessoas físicas e jurídicas — que deram as condições para que fosse possível a publicação deste livro.

Este livro foi impresso no outono de 2005.

PREFÁCIO

A história do livro e a coleção "A Obra-Prima de Cada Autor"

MARTIN CLARET

Que é o livro? Para fins estatísticos, na década de 60, a UNESCO considerou o livro "uma publicação impressa, não periódica, que consta de no mínimo 49 páginas, sem contar as capas".

O livro é um produto industrial.

Mas também é mais do que um simples produto. O primeiro conceito que deveríamos reter é o de que o livro como objeto é o veículo, o suporte de uma informação. O livro é uma das mais revolucionárias invenções do homem.

A *Enciclopédia Abril* (1972), publicada pelo editor e empresário Victor Civita, no verbete "livro" traz concisas e importantes informações sobre a história do livro. A seguir, transcrevemos alguns tópicos desse estudo didático sobre o livro.

O livro na Antiguidade

Antes mesmo que o homem pensasse em utilizar determinados materiais para escrever (como, por exemplo, fibras vegetais e tecidos), as bibliotecas da Antiguidade estavam repletas de textos gravados em tabuinhas de barro cozido. Eram os primeiros "livros", depois progressivamente modificados até chegar a ser feitos — em grandes tiragens — em papel impresso mecanicamente, proporcionando facilidade de leitura e transporte. Com eles, tornou-se possível, em todas as épocas, transmitir fatos, acontecimentos históricos, descobertas, tratados, códigos ou apenas entretenimento.

Como sua fabricação, a função do livro sofreu enormes modificações dentro das mais diversas sociedades, a ponto de constituir uma mercadoria especial, com técnica, intenção e utilização determinadas. No moderno movimento editorial das chamadas sociedades de consumo, o livro pode ser considerado uma mercadoria cultural, com maior ou menor significado no contexto socioeconômico em que é publicado. Como mercadoria, pode ser comprado, vendido ou trocado. Isso não ocorre, porém, com sua função intrínseca, insubstituível: pode-se dizer que o livro é essencialmente um instrumento cultural de difusão de idéias, transmissão de conceitos, documentação (inclusive fotográfica e iconográfica), entretenimento ou ainda de condensação e acumulação do conhecimento. A palavra escrita venceu o tempo, e o livro conquistou o espaço. Teoricamente, toda a humanidade pode ser atingida por textos que difundem idéias que vão de Sócrates e Horácio a Sartre e McLuhan, de Adolf Hitler a Karl Marx.

Espelho da sociedade

A história do livro confunde-se, em muitos aspectos, com a história da humanidade. Sempre que escolhem frases e temas, e transmitem idéias e conceitos, os escritores estão elegendo o que consideram significativo no momento histórico e cultural que vivem. E assim, fornecem dados para a análise de sua sociedade. O conteúdo de um livro — aceito, discutido ou refutado socialmente — integra a estrutura intelectual dos grupos sociais.

Nos primeiros tempos, o escritor geralmente vivia em contato direto com seu público, que era formado por uns poucos letrados, já cientes das opiniões, idéias, imaginação e teses do autor, pela própria convivência que tinha com ele. Muitas vezes, mesmo antes de ser redigido o texto, as idéias nele contidas já haviam sido intensamente discutidas pelo escritor e parte de seus leitores. Nessa época, como em várias outras, não se pensava no enorme percentual de analfabetos. Até o século XV, o livro servia exclusivamente a uma pequena minoria de sábios e estudiosos que constituíam os círculos intelectuais (confinados aos mosteiros no início da Idade Média) e que tinham acesso às bibliotecas, cheias de manuscritos ricamente ilustrados.

Com o reflorescimento comercial europeu em fins do século XIV, burgueses e comerciantes passaram a integrar o mercado livreiro da época. A erudição laicizou-se, e o número de escritores aumentou, surgindo também as primeiras obras escritas em línguas que não o latim e o grego (reservadas aos textos clássicos e aos assuntos considerados dignos de atenção).

Nos séculos XVI e XVII surgiram diversas literaturas nacionais, demonstrando, além do florescimento intelectual da época, que a população letrada dos países europeus estava mais capacitada a adquirir obras escritas.

Cultura e comércio

Com o desenvolvimento do sistema de impressão de Gutenberg, a Europa conseguiu dinamizar a fabricação de livros, imprimindo, em cinqüenta anos, cerca de vinte milhões de exemplares para uma população de quase cem milhões de habitantes, a maioria analfabeta. Para a época, isso significou enorme revolução, demonstrando que a imprensa só se tornou uma realidade diante da necessidade social de ler mais.

Impressos em papel, feitos em cadernos costurados e posteriormente encapados, os livros tornaram-se empreendimento cultural e comercial: os editores passaram logo a se preocupar com melhor apresentação e redução de preços. Tudo isso levou à comercialização do livro. E os livreiros baseavam-se no gosto do público para imprimir, sobretudo, obras religiosas, novelas, coleções de anedotas, manuais técnicos e receitas.

Mas o percentual de leitores não cresceu na mesma proporção que a expansão demográfica mundial. Somente com as modificações socioculturais e econômicas do século XIX — quando o livro começou a ser utilizado também como meio de divulgação dessas modificações, e o conhecimento passou a significar uma conquista para o homem, que, segundo se acreditava, poderia ascender socialmente se lesse — houve um relativo aumento no número de leitores, sobretudo na França e na Inglaterra, onde alguns editores passaram a produzir, a preços baixos, obras completas de autores famosos. O livro era então interpretado como símbolo de liberdade, conseguida por conquistas culturais. Entretanto, na maioria dos países, não houve nenhuma grande modificação nos índices percentuais até o fim da Primeira Guerra Mundial (1914/18), quando surgiram as primeiras grandes tiragens de livros, principalmente romances, novelas e textos didáticos. O número elevado de cópias, além de baratear o preço da unidade, difundiu ainda mais a literatura. Mesmo assim, a maior parte da população de muitos países continuou distanciada, em parte porque o livro, em si, tinha sido durante muitos séculos considerado objeto raro, passível de ser adquirido somente por um pequeno número de eruditos. A grande massa da população mostrou maior receptividade aos jornais, periódicos e folhetins, mais dinâmicos e atualizados, além de acessíveis ao poder aquisitivo da grande maioria.

Mas isso não chegou a ameaçar o livro como símbolo cultural de difusão de idéias, como fariam, mais tarde, o rádio, o cinema e a televisão.

O advento das técnicas eletrônicas, o aperfeiçoamento dos métodos fotográficos e a pesquisa de materiais praticamente imperecíveis fazem alguns teóricos da comunicação de massa pensar em um futuro sem os livros tradicionais, com seu formato quadrado ou retangular, composto de folhas de papel, unidas umas às outras por um dos lados.

Seu conteúdo e suas mensagens, racionais ou emocionais, seriam transmitidos por outros meios, como, por exemplo, microfilmes e fitas gravadas.

A televisão transformaria o mundo inteiro em uma grande "aldeia" (como afirmou Marshall McLuhan), no momento em que todas as sociedades decretassem sua prioridade em relação aos textos escritos.

Mas a palavra escrita dificilmente deixaria de ser considerada uma das mais importantes heranças culturais, para todos os povos.

E no decurso de toda a sua evolução, o livro sempre pôde ser visto como objeto cultural (manuseável, com forma entendida e interpretada em função de valores plásticos) e símbolo cultural (dotado de conteúdo, entendido e interpretado em função de valores semânticos). As duas maneiras podem fundir-se no pensamento coletivo, como um conjunto orgânico (onde texto e arte se completam, como, por exemplo, em um livro de arte) ou apenas como um conjunto textual (onde a mensagem escrita vem em primeiro lugar — em um livro de matemática, por exemplo).

A mensagem (racional, prática ou emocional) de um livro é sempre intelectual e pode ser revivida a cada momento.

O conteúdo, estático em si, dinamiza-se em função da assimilação das palavras pelo leitor, que pode discuti-las, reafirmá-las, negá-las ou transformá-las. Por isso, o livro pode ser considerado um instrumento cultural capaz de liberar informação, sons, imagens, sentimentos e idéias através do tempo e do espaço.

A quantidade e a qualidade das idéias colocadas em um texto podem ser aceitas por uma sociedade, ou por ela negadas, quando entram em choque com conceitos ou normas culturalmente admitidas.

Nas sociedades modernas, em que a classe média tende a considerar o livro como sinal de *status* e cultura (erudição), os compradores utilizam-no como símbolo mesmo, desvirtuando suas funções ao transformá-lo em livro-objeto.

Mas o livro é antes de tudo funcional — seu conteúdo é que lhe confere valor (como os livros das ciências, de filosofia, religião, artes, história e geografia, que representam cerca de 75% dos títulos publicados anualmente em todo o mundo).

O mundo lê mais

No século XX, o consumo e a produção de livros aumentaram progressivamente. Lançado logo após a Segunda Guerra Mundial (1939/45), quando uma das características principais da edição de um livro eram as capas entreteladas ou cartonadas, o livro de bolso constituiu um grande êxito comercial. As obras — sobretudo *best-sellers* publicados algum tempo antes em edições de luxo — passaram a ser impressas em rotativas, como as revistas, e distribuídas às bancas de jornal. Como as tiragens elevadas permitiam preços muito baixos, essas edições de bolso popularizaram-se e ganharam importância em todo o mundo.

Até 1950, existiam somente livros de bolso destinados a pessoas de baixo poder aquisitivo; a partir de 1955, desenvolveu-se a categoria do livro de bolso "de luxo". As características principais destes últimos eram a abundância de coleções — em 1964 havia mais de duzentas nos Estados Unidos — e a variedade de títulos, endereçados a um público intelectualmente mais refinado.

A essa diversificação das categorias adiciona-se a dos pontos-de-venda, que passaram a abranger, além das bancas de jornal, farmácias, lojas, livrarias, etc. Assim, nos Estados Unidos, o número de títulos publicados em edições de bolso chegou a 35 mil em 1969, representando quase 35% do total dos títulos editados.

Proposta da coleção "A Obra-Prima de Cada Autor"

A palavra "coleção" é uma palavra há muito tempo dicionarizada, e define o conjunto ou reunião de objetos da mesma natureza ou que têm qualquer relação entre si. Em um sentido editorial, significa o conjunto não-limitado de obras de autores diversos, publicado por uma mesma editora, sob um título geral indicativo de assunto ou área, para atendimento de segmentos definidos do mercado.

A coleção "A Obra-Prima de Cada Autor" corresponde plenamente à definição acima mencionada. Nosso principal objetivo é oferecer, em formato de bolso, a obra mais importante de cada autor, satisfazendo o leitor que procura qualidade.*

Desde os tempos mais remotos existiram coleções de livros. Em Nínive, em Pérgamo e na Anatólia existiam coleções de obras literárias de grande importância cultural. Mas nenhuma delas superou a célebre biblioteca de Alexandria, incendiada em 48 a.C. pelas legiões de Júlio César, quando estes arrasaram a cidade.

A coleção "A Obra-Prima de Cada Autor" é uma série de livros a ser composta de mais de 400 volumes, formato de bolso, com preço altamente competitivo, e pode ser encontrada em centenas de pontos-de-venda. O critério de seleção dos títulos foi o já estabelecido pela tradição e pela crítica especializada. Em sua maioria são obras de ficção e filosofia, embora possa haver textos sobre religião, poesia, política, psicologia e obras de auto-ajuda. Inauguram a coleção quatro textos clássicos: *Dom Casmurro*, de Machado de Assis; *O Príncipe*, de Maquiavel; *Mensagem*, de Fernando Pessoa, e *O Lobo do Mar*, de Jack London.

Nossa proposta é fazer uma coleção quantitativamente aberta. A periodicidade é mensal. Editorialmente, sentimo-nos orgulhosos de poder oferecer a coleção "A Obra-Prima de Cada Autor" aos leitores brasileiros. Nós acreditamos na função do livro.

---

* Atendendo a sugestões de leitores, livreiros e professores, a partir de certo número da coleção, começamos a publicar, de alguns autores, outras obras além da sua obra-prima.

PERFIL BIOGRÁFICO

O homem que foi um campo de batalha

SCARLETT MARTON*

Friedrich Wilhelm Nietzsche nasceu na Prússia, no dia 15 de outubro de 1844. Sua família era luterana e contava, tanto do lado paterno quanto do materno, com vasta linhagem de pastores protestantes. O pai, Karl Ludwig, responsável pela paróquia do vilarejo de Röcken, veio a falecer prematuramente. A mãe, Franzisk, viu-se então obrigada a transferir-se com os filhos para Naumburgo. Foi nessa cidadezinha que Friedrich iniciou a educação primária; passou por diferentes escolas e, avesso ao convívio social, parecia não se adaptar a nenhuma. Aos 14 anos, tendo ganho uma bolsa de estudos, ingressou no Colégio Real de Pforta. A falta que sentia da mãe e da irmã Elizabeth era preenchida pelos livros; deixava-se absorver pela leitura horas a fio. Chegou a elaborar vasto plano de estudos, que englobava desde botânica, geologia e astronomia até latim e hebreu. Queria ser pastor como o pai e por isso dedicava-se intensamente à teologia. Mas eram sobretudo a música e a poesia que lhe interessavam; começou nessa ocasião a escrever e a compor.

Concluídos os estudos secundários, o jovem Nietzsche inscreveu-se em 1864 na Universidade de Bonn. Contrariando as expectativas da família, decidiu abandonar a teologia. Porque era preciso escolher uma especialização, escolheu filologia clássica.

---

* Profª do Departamento de Filosofia da USP, fundadora e organizadora responsável do GEN (Grupo de Estudos Nietzsche) e autora do livro *Das Forças Cósmicas aos Valores Humanos*, pela UFMG, e outros.

No ano seguinte, transferiu-se para a Universidade de Leipzig; queria acompanhar os cursos de Ritschl, eminente helenista. Convocado para o serviço militar, sofreu fratura num acidente a cavalo, sendo logo dispensado. Graças a uma estrita disciplina, seu desempenho na Universidade foi excelente. Ao terminar o curso, planejava fazer uma longa viagem a Paris; livre das exigências acadêmicas, pretendia nutrir-se das mais diversas leituras. Convidaram-no, no entanto, para lecionar na Suíça. Nietzsche hesitou em abandonar seus projetos, mas acabou por entrar na vida profissional.

Contava vinte e quatro anos quando foi nomeado professor de filologia clássica na Universidade da Basiléia.

Foram tranqüilos os primeiros tempos de sua estada nessa cidade. Nietzsche freqüentava a sociedade local, correspondia-se assiduamente com os amigos mais próximos, e sobretudo entregava-se ao trabalho. Dava cursos regulares, fazia palestras e dedicava-se intensamente à escrita. Quando a Prússia entrou em guerra contra a França, em julho de 1870, obteve a permissão, junto às autoridades suíças, para servir como enfermeiro. Apesar de breve, essa experiência deixou marcas em seu espírito. Convenceu-se de que importava mais trabalhar para preservar a tradição cultural do que deixar-se levar pelo alvoroço político da modernidade. Imaginava criar uma espécie de confraria, um convento moderno; deveria ser uma instituição completamente desvinculada do Estado. Dela participaram todos os seus amigos, trabalhando juntos, servindo de professores uns aos outros e dedicando-se à renovação da cultura. Esse projeto não encontrou, porém, receptividade; e retomado em diversas ocasiões, nunca chegou a concretizar-se.

Seu primeiro livro, *O Nascimento da Tragédia no Espírito da Música,* foi publicado em janeiro de 1872. Nele, é notável a influência de dois homens, com quem havia entrado em contato ainda quando estudava em Leipzig: Arthur Schopenhauer e Richard Wagner. Não se trata propriamente de uma obra de filologia, mas sim de considerações filosóficas a respeito da tragédia na Grécia Antiga. Quando de sua publicação, agradou a muito poucos.

Desconcertado, Nietzsche refugiou-se no trabalho: proferia conferências, redigia ensaios e dava seus cursos. Mas se de 1869 a 1872 tinha grande número de alunos, em 1873 praticamente ninguém apareceu. Por causa de seu livro, fora excomungado do círculo dos filólogos. Certa noite, confessou a um amigo seu desapontamento: em música, poesia e filosofia, não passava de amador, em filologia, era competente mas sentia-se entediado. Com quase trinta anos, nem mesmo tinha uma vocação.

Contudo, continuava a escrever. Desta época datam vários textos que só foram publicados muito mais tarde. Em 1874, teve a idéia de fazer uma série de brochuras polêmicas sobre diferentes temas. Deveriam todas ser editadas com o título: *Considerações Extemporâneas*. Publicou a primeira, *Dadiv Strauss, o Devoto e o Escritor,* em agosto de 1873; a segunda, *Da Utilidade e Desvantagens da História para a Vida,* em fevereiro de 1874, e a terceira, *Schopenhauer Educador,* em outubro desse mesmo ano. Embora tivesse planejado várias outras, concluiu apenas mais uma, a quarta, *Richard Wagner em Bayreuth,* que apareceu em julho de 1876.

As *Considerações Extemporâneas* trazem, todas elas, a marca do desafio. Nas duas primeiras, Nietzsche critica de maneira radical a cultura de sua época e, nas últimas, aponta a filosofia de Schopenhauer e a música de Wagner como signos anunciadores de uma renovação cultural na Alemanha. Contudo, em 1888, disse na sua autobiografia que, quando então falara de Schopenhauer ou de Wagner, estivera de fato a falar de si mesmo. A homenagem prestada aos mestres, nas *Considerações Extemporâneas*, já tinha sabor de despedida. Nietzsche não queria mais empenhar-se em divulgar ou levar adiante idéias alheias. Refratário a compromissos, desejava empregar sua força e inteligência na busca do próprio caminho; ambicionava tornar-se um "espírito livre".

Humano, Demasiado Humano – um livro para espíritos livres foi publicado em maio de 1878, em comemoração ao centenário da morte de Voltaire. Nietzsche reuniu todas as notas que vinha redigindo há mais de um ano. Eram folhas e folhas cheias de reflexões, aparentemente desconexas, sobre diversos temas. Quis publicá-las sob essa forma; escolheu então o aforismo como modo de expressão. Pensou nos enciclopedistas – Voltaire, Diderot – e na sua aversão pelos sistemas filosóficos acabados; lembrou-se dos moralistas franceses – Chamfort, La Rochefoucauld – e de suas máximas e pensamentos. Uma obra que se apresenta em fragmentos não era necessariamente uma obra fragmentária. Como apêndices a *Humano, Demasiado Humano,* apareceram no ano seguinte dois outros textos: *Miscelânea de Opiniões e Sentenças* e *O Andarilho e sua Sombra.*

1879 foi um dos piores anos na vida de Nietzsche. Dores de cabeça e dores na vista impediam-no, com freqüência, de ler ou escrever. Esse tipo de indisposição, que se manifestava desde 1873, parecia agravar-se com o passar do tempo. Sem dúvida, sua saúde deteriorava-se e as obrigações profissionais pesavam-lhe mais e mais. Em maio, decidiu entregar a carta de demissão junto à Universidade. Concederam-lhe uma pensão anual de quatro mil francos, o necessário para viver com modéstia até o fim de seus dias.

A enfermidade, porém, não o abandonava: enxaquecas, dores na vista, problemas estomacais, acessos de vômito. Seu estado de saúde tornava-se desesperador. Em 1879, Nietzsche atravessou mais de setenta horas de dores ininterruptas, mais de cento e dezoito dias de crises graves. Uma das crises mais violentas de toda a sua existência sobreveio com o final do ano. Mas os primeiros dias da primavera vieram atenuar seus sofrimentos: sentia-se renascer das próprias cinzas. Não mais suportava a dor, aprendera a amá-la. Descobrira "a fórmula da grandeza do homem": *amor fati*. Não evitar nem se conformar e muito menos dissimular, mas afirmar o necessário, amar o que não pode ser mudado.

Durante dez anos, a cidade da Basiléia tinha sido seu ponto de referência. Aí tivera casa, amigos, trabalho. Pertencera aos círculos acadêmicos e atacara a senilidade e esterilidade do academicismo; trabalhara no meio universitário e denunciara a erudição e o vazio da universidade; fora mestre e discípulo e não poupara investidas contra a dependência do espírito. Nunca deixara de ser crítico; mas sempre tivera objetivos. Abraçaria agora uma vida errante. Iria percorrer as estradas da Suíça, Itália, França e Alemanha; e sonharia com lugares mais distantes: México, Tunísia, Oriente. Durante dez anos, não se deixaria deter em parte alguma por mais de seis meses. Em fevereiro de 1881, concluía em Gênova a redação de *Aurora — Pensamentos Sobre Preconceitos Morais;* um ano depois, nessa mesma cidade, terminava *A Gaia Ciência.* Estes livros, junto com *Humano, Demasiado Humano,* formavam no seu entender uma cadeia de pensamentos. Consistia no seu exercício enquanto espírito livre. Nele, Nietzsche critica a imposição de normas de comportamento e maneiras de pensar. Examina o papel dos costumes, direito, moral e tradição na vida em coletividade; investiga a educação familiar, cívica, política ou religiosa. E trata ainda de várias outras questões. Pensa sobre as relações entre arte e ciência e escreve a propósito de literatura, música e poesia. Comenta suas leituras e faz severas críticas à cultura alemã. Analisa sentimentos morais como compaixão, vingança, remorso e culpa. Levanta questões a respeito do casamento e da libertação da mulher, partidos políticos e situação da imprensa, sufrágio universal e exércitos nacionais, segundo Reich e Bismark, democracia e socialismo, desaparecimento das nações e unificação da Europa.

Antes mesmo de elaborar *A Gaia Ciência,* no início de agosto de 1881, Nietzsche viveu uma experiência extraordinária. Na sua busca de novos recantos, descobriu na Suíça o vilarejo de Sils Maria. Alugou um pequeno quarto e organizou seu cotidiano: trabalhava pela manhã, saía para longas caminhadas à tarde, regressava ao anoitecer com os cadernos cheios de anotações e retomava o trabalho depois do jantar. Certa tarde, ao fazer seu passeio habitual, foi atravessado pela visão do eterno retorno. Tudo retorna sem cessar. Se o universo tivesse algum objetivo, já o teria atingido; se tivesse alguma finalidade, já a teria realizado: Não existe um Deus, soberano absoluto, com desígnios insondáveis. Todos os dados são conhecidos; finitos são os elementos que constituem o universo, finito é o número de combinações entre eles; só o tempo é eterno. Tudo já existiu e tudo tornará a existir. Atordoado com essas idéias, Nietzsche oscilava entre estados de euforia e depressão; pretendia não participá-las a ninguém de imediato, mas já em *A Gala Ciência* começou a esboçá-las.

Nietzsche não se habituava à solidão: ela lhe pesava e talvez lhe fosse indispensável. Em vão, tentara casar-se. As mulheres por quem se interessava não lhe correspondiam. Em abril de 1882, conheceu em Roma uma "jovem russa". Sua presença de espírito e capacidade de escuta atraíram-no; seu ardor intelectual e desejo de vida seduziram-no. Aos trinta e sete anos, apaixonou-se. Embora o pedido de casamento tivesse sido recusado, uma afetuosa amizade nasceu entre eles. Longos passeios, animadas conversas, discussões fecundas. A família de Nietzsche interpôs-se: temia que uma ligação escandalosa viesse a macular sua reputação. Mal-entendidos, intrigas, trocas de injúrias, calúnias. Arrastado por sentimentos contraditórios, ele não sabia mais em quem confiar. Em dezembro, rompeu com todos. Idéias de suicídio perseguiram-no; por três vezes, chegou a tomar uma quantidade abusiva de narcóticos.

Completamente desalentado, ainda encontrava forças para escrever. Em fevereiro de 1883, criou em dez dias a primeira parte de *Assim Falou Zaratustra — Um Livro para Todos e para Ninguém;* em julho do mesmo ano, escreveu a segunda parte também em dez dias; e apenas dez dias foram suficientes para redigir, em janeiro de 1884, a terceira; um ano depois elaborou a quarta e última. Para publicar o livro, teve de enfrentar vários obstáculos. A primeira parte levou meses para ser lançada; a segunda e a terceira a custo foram impressas juntas, e a quarta, categoricamente recusada pelo editor. Dela, Nietzsche, sem alternativa, viu-se obrigado a custear uma tiragem de quarenta exemplares. A partir daí, correram por sua conta todas as despesas com publicações. Zaratustra é o anunciador do além-do-homem, é o arauto do eterno retorno, é "aquele que sempre afirma". Se criar é ultrapassar-se, a criatura deve prevalecer sobre o criador. É preciso haver morte para que surja o além-do--homem; ele indica a necessidade da superação de si mesmo e com isso aponta para uma nova maneira de sentir, pensar, avaliar.

A propósito de seu *Zaratustra,* Nietzsche chegou a escrever a uma amigo: "É um livro *incompreensível,* porque remete exclusivamente a experiências que não partilho com ninguém". E acrescentou: "Se pudesse dar-lhe uma idéia de meu sentimento de *solidão!* Nem entre os vivos nem entre os *mortos,* não tenho alguém de quem me sinta próximo". De fato, ninguém parecia interessar-se por seus escritos. Sobre eles não se fazia comentário algum nas universidades, não se publicava artigo ou resenha nas revistas. Até em seu próprio país o filósofo sentia-se no exílio.

Naumburgo, Leipzig, Basiléia, Gênova, Nice, Veneza, Sils Maria, Naumburgo, Leipzig. Assim passavam-se os meses, os anos. De uma cidade a outra, Nietzsche expedia a mala cheia de livros e manuscritos, tudo o que possuía. Morava em pensões modestas e, por vezes, aceitava a hospitalidade de conhecidos. Apesar da vida errante, em momento algum deixou de ampliar seus horizontes — nem mesmo a enfermidade chegou a ser empecilho.

Estudava os evangelhos e textos específicos sobre o cristianismo; percorria as obras de Heródoto, Tucídides e Platão e, dentre os modernos, Michelet, Voltaire e Diderot; deleitava-se com romances de Balzac, George Sand e, sobretudo, Stendhal e Dostoiévski; familiarizava-se com as ciências naturais e biológicas; interessava-se pela psicologia francesa da época e pelos recentes estudos etnográficos. Quando o estado de saúde se agravava, seus olhos não podiam distinguir contornos, percebendo apenas vultos e volumes. Recorria então a um amigo devotado, que lia para ele em voz alta, transcrevia suas idéias e auxiliava-o na revisão dos textos.

No verão de 1885, pensava num profundo remanejamento de *Humano, Demasiado Humano,* e na publicação de uma nova *Consideração Extemporânea* sobre Wagner. Não levou adiante nem um projeto nem outro. No ano seguinte, acabou por elaborar um novo livro: *Para Além de Bem e Mal — Prelúdio de uma Filosofia do Porvir.* Escreveu ainda os prefácios ao primeiro e segundo volumes de *Humano, Demasiado Humano, O Nascimento da Tragédia, Aurora* e *A Gaia Ciência,* assim como a quinta parte deste último livro. Em 1887, redigiu *O Niilismo Europeu,* preocupado com a situação da Europa na época; e, durante o mês de julho, elaborou *Para uma Genealogia da Moral.* Esse texto trazia como subtítulo: "um escrito polêmico em adendo a *Para Além de Bem e Mal* como complemento e ilustração". Nos dois livros, Nietzsche examina como surgem os valores e, em particular, os valores morais. Constatara que não existem desde sempre, mas são criados a partir de avaliações; assim avaliações diferentes geram valores diferentes. Mostra ainda que essas mesmas avaliações podem, por sua vez, ser avaliadas, e aponta para a necessidade de "transvoloroção de todos os valores". Durante o ano de 1888, Nietzsche organizou seus últimos textos. Em *O Caso Wagner,* faz um balanço da obra do compositor, em contrapartida à homenagem que lhe prestara na *Quarta Consideração Extemporânea.* No *Crepúsculo dos Ídolos ou como Filosofar com o Martelo,* quer auscultar velhos ídolos — o Estado, as instituições, a moral, o espírito alemão, as ilusões da filosofia, a verdade —, mostrar que são ocos e destruí-los a marteladas. No *Anticristo,* pretende fulminar tudo o que é cristão ou está infeccionado pelo cristianismo. Em *Ecce Homo ou Como Tornar-se O Que Se É,* traça a autobiografia: fala da sua história familiar, suas qualidades e necessidades; discorre sobre a doença, o regime alimentar, a escolha do clima e dos lazeres; e considera cada um de seus livros publicados. *Nietzsche Contra Wagner,* por sua vez, compõe-se de textos extraídos de suas próprias obras: a prova de que, pelo menos, desde 1877, são antípodas. *Ditirambos de Dionísio* consiste numa coletânea de poemas. Finalmente, *A Vontade de Potência* é um livro que nunca existiu; é por mera convenção que se dá esse nome ao conjunto dos fragmentos póstumos escritos de 1882 a 1888.

Desde 1873, Nietzsche esteve de alguma forma doente: problemas estomacais, náuseas e vômitos; violentas enxaquecas e insônias freqüentes; dores na vista, miopia e sensibilidade à luz. Submeteu-se a inúmeros diagnósticos sem obter uma explicação do seu quadro clínico; seguiu inúmeros tratamentos sem conseguir alteração significativa do seu estado de saúde. Tornou-se, então, o seu próprio médico: buscava as melhores condições climáticas, inventava as mais variadas dietas, tentava toda sorte de drogas: sais, soporíferos, haxixe.

Nos primeiros dias de 1889, uma forte tensão psíquica levou-o a mergulhar no delírio. Tomado por convulsões, passava da agressividade à doçura. Em 10 de janeiro foi internado na clínica psiquiátrica da Basiléia e logo transferido para a de Iena. Mais de um ano depois, em 24 de março de 1890, deixou a clínica sob a responsabilidade da mãe. Seus últimos dez anos de vida, passou-os tutelados pela família. Morreu em Weimar, ao meio-dia de 25 de agosto de 1900.

As causas da enfermidade de Nietzsche não chegaram a ser esclarecidas de modo conclusivo. Alguns afirmavam que a paralisia cerebral se devia a disposições internas, certamente hereditárias; outros sustentavam que as causas eram externas. Aí as opiniões divergiam: tratava-se de uma paralisia ou causada pelo abuso de drogas, ou de origem sifilítica.

Houve, porém, aqueles que decidiram colocar o filósofo "no seu devido lugar" e tentaram detectar quais dos seus textos haviam sido escritos sob o efeito das drogas; houve também os que se dispuseram a fazer uma reavaliação retrospectiva de suas idéias, à luz do enlouquecimento, e atribuíram diferentes datas à manifestação dos primeiros sintomas da doença mental. Enfim, não foram poucos os que se aproveitaram do estado em que Nietzsche mergulhou, a partir de 1889, para desacreditar a sua obra.

Até setembro de 1888, Nietzsche era praticamente desconhecido. Se a *Primeira Consideração Extemporânea* teve alguma repercussão, as duas seguintes passaram quase despercebidas. E a Quarta — como ocorreu com *O Nascimento da Tragédia* — foi sobretudo festejada nos círculos wagnerianos. *Humano, Demasiado Humano* e seus dois apêndices, *Aurora* e *A Gaia Ciência,* só encontraram resposta em cartas de amigos, entusiasmadas, embaraçadas, consternadas. Quanto a *Assim Falou Zaratustra* — que de seus livros veio a ser o mais vendido — grandes foram as dificuldades para ser publicado. Se *Para Além de Bem e Mal* suscitou enfim algumas resenhas, *Para uma Genealogia da Moral* atraiu as atenções de um professor dinamarquês que decidiu difundir seu pensamento. Nos últimos meses de 1889, o *Caso Wagner* provocou reações imediatas e os primeiros exemplares do *Crepúsculo dos Ídolos* chegaram a ser enviados a amigos. Nietzsche fazia contatos para assegurar a tradução de seus escritos. Pretendia lançar o *Ecce Homo* em 1889 e, daí a dois anos, publicar *O Anticristo* em sete línguas. Quando começava a ser conhecido, sobreveio a crise que interrompeu suas atividades.

Repetidas vezes, tentara compreender as razões da indiferença que o cercava. Na correspondência e nos livros, referiu-se ao silêncio que pesava sobre sua obra, a solidão que envolvia sua vida. Raros amigos, escassos leitores. Nos últimos textos, acreditava ter nascido póstumo; seus escritos antecipavam-se àqueles a quem se destinavam.

Dirigindo-se a um público por vir, de sua época só poderia esperar não entendimento ou descaso. Passava do desalento à esperança; parecia oscilar entre a promessa da posteridade e a impossibilidade do presente.

Antes de tudo, não queria ser confundido. Que anti-semitas e anarquistas reclamassem dele causava-lhe repulsa. Ao longo de décadas, porém, seria evocado por socialistas, nazistas e fascitas, cristãos, judeus e ateus. Pensadores, literatos, jornalistas e homens políticos teriam nele um ponto de referência — atacando ou defendendo sua obra, reivindicando ou exorcizando seu pensamento. Quem julgou compreendê-lo equivocou-se a seu respeito; quem não o compreendeu, julgou-o equivocado.

Introdução

MAURO ARAUJO SOUSA*

"O Evangelho morreu na cruz."[1]

Tratar de uma das obras mais controvertidas de Nietzsche, realmente é um grande desafio. Principalmente, quando mais que compreendido, o livro *O Anticristo (Der Antichrist),* é lido com um sem-número de interpretações que se afastam do objetivo maior do filósofo, que era o de abrir caminho para uma crítica dos valores estabelecidos em dois mil anos de cristianismo (quase isso à época em que foi escrito) e propor a inversão e a criação de novos valores. O plano maior nietzscheano é sempre o da "transmutação de todos os valores" (*Umwerthung aller Werthe*). Elaborado em 1888, não será publicado até 1894. *O Anticristo* fazia parte de algo pretendido pelo filósofo, que era colocá-lo como primeiro livro, entre outros três, perfazendo um conjunto de quatro que seriam

---

* *Mauro Araujo de Sousa é mestre em Ciências da Religião pela PUC-SP com a dissertação de mestrado "Considerações para um novo sentido religioso em Nietzsche: a transvaloração do Sagrado". Também é especialista em História pela mesma universidade, com graduação em Filosofia pela FAI-SP. Autor de vários artigos publicados sobre Filosofia e História, escreve ensaios introdutórios para a Editora Martin Claret. Foi membro da "Ordem dos Frades Menores Conventuais" e atualmente leciona Filosofia no "Colégio da Fundação Santo André" e História na Escola Municipal "Devanir José de Carvalho", de Diadema-SP. E, durante dois anos, esteve em contato com a cultura japonesa em Shizuoka-Ken, Japão, onde morou.*

[1] Nietzsche, Friedrich W. *O Anticristo* (*Der Antichrist*), § 39.

intitulados *Vontade de Potência*, obra que não acabou sendo realizada e que veio à tona forjada pela sua irmã Elisabeth-Föerster Nietzsche, a qual deturpou toda uma cronologia dos fragmentos nietzscheanos, além de expor o pensamento do irmão usando de má-fé, como uma verdadeira mercenária que, em nome do sucesso, vendia-se às mais perversas ideologias nazistas. O filósofo, doente mentalmente, nada podia fazer contra as adaptações promovidas pela sua parente mais próxima.

Não bastasse isso, ainda hoje existem aqueles que atribuem o processo doentio que tomou conta de Nietzsche ao fato de ele ter se indisposto contra a fé cristã, ressaltando ou a idéia de castigo divino sobre ele ou, talvez, no intuito de mostrar o grande esforço que dispendeu contra Deus, praticamente a luta de uma simples criatura contra o seu próprio criador. Desse modo, pelo menos, é como pensam até alguns religiosos que se atreveram a escrever de tal forma a respeito do filósofo anticristão, como é o caso do jesuíta Frederick Copleston, em sua obra *Nietzsche: filósofo da cultura*. Entretanto, apesar de seus deslizes, Copleston deixa claro o quanto seria bom se o filósofo tivesse ingressado nas fileiras do "rebanho de Cristo", pois muitos questionamentos que ele faz à instituição são bem verídicos. Parece mesmo que, não somente para esse jesuíta, Nietzsche continua sendo um paradoxo, porque acaba deixando em algumas pessoas sentimentos tanto de afastamento como de aproximação de sua filosofia. Quem sabe, se visse tudo isso, ele poderia rir do que acontece, pois é sinal de que os valores arraigados nesses milênios já não estão tão firmes assim. Aqui, então, nem se entrará em comentários a respeito daqueles que, somente pelo título do livro, já encontram motivos "suficientes" para acusá-lo como uma encarnação dos desígnios demoníacos. É muita pobreza de espírito ler preconceituosamente uma obra tão profunda sem o devido empenho de pesquisas sérias, comparando-as com tantos estudos devidamente elaborados a partir do "Friedrich Nietzsche-Kolleg", o centro internacional de pesquisas sobre o filósofo, que se abriga nas dependências do antigo "Nietzsche-Archiv". Sem contar que, aqui no Brasil, é razoável o acesso à vasta literatura que aborda com seriedade filosófica muitas das obras do famoso anticristo. Aliás, para os mais interessados é sempre bom a recorrência aos "Cadernos Nietzsche", editados pela Discurso Editorial e que é uma publicação do Departamento de Filosofia da USP.

Mas, por que o filósofo da "transvaloração dos valores" resolveu por um título tão polêmico assim? Ora, se ele combatia o idealismo da metafísica platônica que transformara este mundo em algo inferior e ilusório em nome da "verdade" de um mundo ideal, era hora, então, de inverter a situação para poder-se considerar a proposição de novos valores. Não é possível esquecer que, em outra obra sua, ele cita: "O cristianismo é um platonismo para o povo."[2] Isso já diz a que veio o anticristo. Sua luta é contra a metafísica, contra os dualismos proporcionados entre corpo e alma, terra e céu, e assim por diante. É bom que se esclareça também que há uma grande diferença para o filósofo entre Cristo e o cristianismo. E, se ele posiciona-se como o anticristo, é porque quer despertar uma nova cultura que não seja mais embasada em leituras que se fizeram de Cristo e nem do próprio Cristo, que para Nietzsche não passava de um romântico que pretendia mudar as coisas a partir do seu bom coração. Por isso, é tão empolgante e desafiante ler *O Anticristo*, pois muitas dessas abordagens vão ficando cada vez mais claras à medida que o preconceito de uma sociedade ocidental fundada na tradição judaico-cristã vai deixando de lado as barreiras que impedem a visão de outras perspectivas em relação à própria vida. Como filósofo, Nietzsche lança desafios, porém não deseja seguidores, pois nunca se pretendeu um profeta, um pastor ou um sacerdote. Pelo contrário, sempre quis que cada um fizesse a sua própria senda. Ele não pretende ideologizar ninguém e a massificação não faz, em hipótese alguma, parte de suas intenções. Sem dúvida, ele é um filósofo da cultura e, por se postar assim, é que acaba revirando aqueles que se sentem acomodados em uma tradição que lhes possa fornecer uma resposta, um sentido de vida, mesmo que tal sentido seja uma mentira sustentada por séculos a fio e que se torna uma verdadeira panacéia.

Contudo, há muito mais por detrás desse seu livro que mexe com as bases do Ocidente cristão. Dificilmente, alguém que toca no nome do filósofo esqueceria a frase lapidar "Deus está morto" e, esta sim, parece, para muitos, justificar o título de *O Anticristo*. Por curiosidade, é bom notar que nos anos setenta um *graffiti* tornou-se bastante conhecido e, de certa forma, é utilizado até os dias atuais para ironizar Nietzsche. Assim é: "Deus está morto", assinado

[2] Nietzsche, Friedrich W. *Para Além de Bem e Mal* (*Jenseits von Gut und Böse*), no Prólogo.

Nietzsche. "Nietzsche está morto", assinado Deus. Quão não é, ainda, a alegria de muitos crentes naquele Ser metafísico (Deus, no caso) que vê nisso uma vitória do Onipotente e o desmascaramento da fraqueza do anticristo. Porém, a realidade é outra. O filósofo, com certeza, escreveu a primeira frase. Agora, um anônimo escreve a segunda em nome de Deus. Eis a ironia. Portanto, aquilo que parece estar contra Nietzsche, está a seu favor. Tudo não passa de criação humana, nada mais que isso. E a vontade de potência (*Wille zur Macht*), criadora e destruidora, mas sempre como vir-a-ser, num eterno devir, esteve presente tanto em Nietzsche como naquele que foi autor do *graffiti* aqui citado. Seja como for, ainda o filósofo parece estar com a razão no que diz respeito a que tudo na vida refere-se à criação e destruição contínuas, sem uma finalidade, porque até o que é chamado de sujeito nada mais é que vontade de potência em suas múltiplas relações de forças, que organiza-se de um modo aqui e de outro acolá, que se forma cá e se desfaz lá em algum ponto do que parece a todos como uma grande unidade, mas que não é outra coisa senão essa pluralidade de forças e que é denominado de universo.

Seja que a vontade de potência somente se afirma, nunca se nega, mas, na dinâmica de afirmação, ela, muitas vezes, destrói uma dada organização de forças, mas nunca as próprias forças. Pois tudo é uma pulsação sem fim. A vida é pulso. Sendo assim, mesmo os criadores da metafísica, que negaram esta vida em nome de outra, estão repletos dessas forças que têm o poder de se relacionarem e de se expandirem. As forças interpretam aquilo que é cognominado de realidade. Por tal motivo, Nietzsche questiona se existem fatos. Para ele, o que existem são apenas interpretações forjadas pelas forças expressas em vontades de potência. Até por conta disso tudo, é que o filósofo proclama que o cristianismo não é a única interpretação do mundo, há outras. Nisso se encontra aquilo que denomina de perspectivismo. Eis que o livro em pauta aponta, dessa maneira, para novas perspectivas. E o filósofo é muito claro quando diz: "...Quanto maior seja o número de olhares, de olhares distintos que saibamos empregar para ver uma mesma coisa, tanto mais completo será nosso 'conceito' sobre ela, tanto mais completa será nossa 'objetividade'..."[3] Para entender melhor alguma coisa,

[3] Nietzsche, Friedrich W. *A Genealogia da Moral* (*Zur Genealogie der Moral*). Tratado III, § 12.

há necessidade de não se fechar em apenas uma perspectiva, como a cristã, que vem dominando o Ocidente por milênios. Há outras possibilidades dentro das próprias forças vitais.

Não é nada fácil, porém, agir com a "filosofia do martelo" (a filosofia nietzscheana) para derrubar ídolos seculares e que criam, com uma tendência que é própria da vontade de potência, uma hegemonia ao seu redor. Ainda bem que existem outros centros de forças e a vontade de potência, nesse viés, não é única, é múltipla. Nietzsche sabia que estava lidando com forças e que ele próprio era uma organização delas. E, como elas estão em constante luta, a transformação é contínua. Mesmo diante da elaboração da teoria de que as coisas retornam eternamente, pois a quantidade de forças é finita e o movimento é infinito (criação e destruição incessantes), o filósofo elabora a necessidade de um novo tipo humano, o "além-do-homem" (*Übermensch*), capaz de conviver com suas limitações e superações. Finito e infinito a um só tempo: o tempo presente da vontade de potência. E o anticristo vem indicar tais valores novos diante de um mundo sem a necessidade de um Deus para criá-lo, para guiá-lo ou até para destruí-lo. Nesse aspecto, Nietzsche não cede às interpretações do cristianismo e faz uma crítica bem ácida aos seus representantes. Mas, algumas reflexões poderiam levar à pergunta de que se o destruidor de ídolos, o homem com o seu martelo, não terminou por criar um outro chamado vontade de potência. Apesar de essa interpretação não ser nada relativa para o filósofo, ele não fecha a questão justamente pelo seu perspectivismo e sugere que também sua interpretação não é a única. Ela, apenas, não faz detração desta vida como o cristianismo faz ao criar a noção de uma escatologia baseada numa vida após a morte que adviria da ressurreição dos corpos e numa vida imortal junto ao Bem Absoluto chamado Deus.

Noutras palavras, o cristianismo favorece mais uma vida além-túmulo que esta própria. O olhar nietzscheano não deixa essa interpretação tornar-se uma "muleta existencial" tal qual é para aqueles que sentem-se cansados de viver. Não é por acaso que Nietzsche afirma que sua filosofia é para os fortes. Tais seriam aqueles que, mediante a vida tal qual ela é, com sofrimentos e alegrias, nunca veriam a existência com reservas religiosas metafísicas e sempre diriam sim diante da vida, pois para esta não existem o bem e o mal, ela está para além deles. A existência não é moral, mas a moral quis imperar sobre ela. O filósofo dá um basta a isso e conclama aos que se interessam pela vida à supressão da moral, ao fim do império da moral sobre a existência. Ao menos uma vez, a vida precisa ser compreendida como algo para longe de um dualismo que remonta aos primórdios de um platonismo. Em tal leitura, Nietzsche deixa claro a partir de que referencial devem emergir os novos valores de uma nova cultura: a partir da própria vida como referência, e de uma vida sem o sentimento de culpa da moral cristã. A existência não pode transformar-se em expiação. Por isso, o anticristo rejeita a noção de pecado original e o postulado de salvação por Cristo. Não há pecado na vida e sim inocência. E, se não há pecado, também não existe a necessidade de salvação. Não adianta querer julgar a existência e tentar entendê-la a partir de um princípio de ofensa a um Ser metafísico. Pode uma vida do além ser juíza da vida terrena? Desse dualismo, o filósofo não compartilha.

Como refletir sobre algo que pretende extrair dos crentes cristãos o seu sentido existencial? A questão nem é essa. O niilismo (a ausência de sentido) tem outros motivos. Se o ser humano sentiu necessidade da criação de um Deus para responder ao seu próprio vazio existencial, à sua própria falta de sentido, não precisaria ter feito isso com desvantagens para a vida como ela é aqui e agora. O contexto é que, com a chegada de idéias positivistas e, nesse ínterim, é bom resgatar a filosofia de Augusto Comte, o século XIX deixou o mundo ocidental à beira do niilismo. O positivismo, sim, que, com sua teoria dos três estágios (o religioso, o metafísico e o científico), acabou por colocar um fim, pelo menos num primeiro momento, a toda uma tradição religiosa cristã. E a esse respeito, Nietzsche fez uma ótima leitura. Entendeu que o mundo contemporâneo já matara o seu próprio Deus e fez a constatação pela qual é muito conhecido, a de que Deus já estava morto. Antes de Nietzsche, porém, outros já alertavam para isso, como o poeta Heinrich Heine, o qual já antevia a falta de sentido que vinha tomando conta da sociedade ocidental desde que a razão se pusera como centro do mundo. Inclusive, o próprio Nietzsche também faz sempre suas críticas ao antropocentrismo e à razão como centro do universo. Outrossim, trata sempre a razão humana como uma "pequena razão" e chega a comparar o ser humano ao absurdo de uma mosca que se pensa como o "centro voante" do universo. Dá para sentir o quanto de críticas o filósofo receberia dos racionalistas ferrenhos.

Mas, voltando ao assunto do niilismo e sua relação com o

positivismo, é possível perceber que mesmo Comte não escapou ao enredamento da metafísica. Pois, se de uma parte criticou a religião e a metafísica como estágios ultrapassados e razões do atraso da humanidade, de outra parte transformará sua visão cientificista numa "nova religião". Se no início o positivismo comtiano parecia superar toda especulação transcendental para pôr-se ao lado do progresso e da ciência, cai depois no mesmo vazio existencial que dominara outros estudiosos. Pode ser feita uma leitura de que Comte não se dera conta de sua própria fraqueza espiritual e, se combateu os dogmas religiosos-metafísicos, acabou por construir sua própria metafísica que se ontologizava-se numa apologética da ciência como remédio para todos os males e fazia, dessa forma, do espírito científico um novo modo de crença. Pronto, estava lançado o dogma do cientificismo de que só há fatos e nada mais, como se eles falassem por si numa observação experimental. Diferentemente do que previra Comte, os seres humanos, a sociedade, não atingira seu estado mais elevado. E, quando da verificação do excessivo alarde positivista, as pessoas caíram, novamente, no niilismo. E, hoje, muitos são as conseqüências daquilo que se discute como pós-modernidade. A modernidade é que matava Deus e a contemporaneidade está repleta dos problemas levantados pelo "ratiocentrismo" (a razão como centro).

Já, em Nietzsche, não há opção nem pela metafísica-religiosa nem pela ciência enquanto religião. Nem fé, nem razão: sem dualismos. Tudo é apenas um fluxo de forças e a razão é apenas um acaso, como acaso são todas as outras coisas. Ora, nessa proporção, a visão nietzscheana é niilista? Sim e não. Sim, quando não necessita da vontade de verdade para pôr-se em segurança e nem quer tal segurança, pois tudo é mesmo um devir. Não, porque ao propor que o além-do-homem seja o novo homem, direciona-se numa filosofia que não busca sentidos para a existência por já ter encontrado o sentido nela própria enquanto vontade de potência. O *amor fati* (amor ao destino) que Nietzsche emitiu não é conformismo. É o máximo de amor à vida, sem exigir dela o que ela não é. Como tratado anteriormente, a vida não é boa nem má, ela é simplesmente vida como impulsos, fluxos de forças presentes em toda parte. Somente quem chega a esse estado de *amor fati* é capaz de libertar-se de qualquer niilismo e dizer aquele eterno sim à existência e que não se amedrontaria se tivesse que viver assim eternamente. Bem, para os cristãos, isso já soa como niilismo e falta de sentido absoluto.

Para eles, o mundo não pode ser "somente" esse absurdo "monstro de forças". Precisa haver um Deus, há que se ter um Bem, um julgamento e uma vida eterna sem sofrimentos. A idéia de paraíso ainda perturba muitas cabeças. E aí, não somente as cristãs. Já, para o anticristo, não há paraísos nem infernos. Há somente a existência. E toda e qualquer superação dá-se somente nela, sem perspectivas metafísicas-transcendentais.

A tresvaloração de todos os valores é o projeto nietzscheano *par excellence* e como *O Anticristo* consta como primeiro livro dessa planificação, já comentada nesta introdução, está aí toda a importância dessa obra. É hora de a vida na Terra ser valorizada e, até mais que isso, é o momento de ela tornar-se a baliza para todos os valores. Já, as matrizes socráticas, as quais construíram o homem teórico, moral, ansioso por uma verdade absoluta e as fundamentações platônicas, que transformaram esse homem teórico em ideal do ser humano, mas para viver num mundo perfeito, fora de suas sensações "enganosas", tornaram o mundo concreto do presente em um peso. O mundo foi substituído por uma fábula e a vida tornou-se algo que cansa os homens. "Sócrates disse mesmo ao morrer: 'viver – significa estar enfermo durante longo tempo: devo um galo a Asclépio salvador'. Mesmo Sócrates estava farto da vida."[4] E o próprio Platão, também desanima-se com o seu tempo e carrega as influências de seu mestre. Entretanto, foi sobre os dois que assentaram-se a moral e a religião cristãs. O primeiro, exemplo do homem honesto que temia os deuses, apesar de ter sido acusado de impiedade por manobras políticas da época em Atenas. O segundo, por ter cedido as bases para o fortalecimento da patrística da qual a Igreja se serviu muito no fortalecimento de seus dogmas. Basta lembrar de quem? De Santo Agostinho, é claro, porque cristianizou Platão. Mas, o que Nietzsche percebe está localizado bem antes da patrística. O problema maior do filósofo é com Paulo, o apóstolo helenizado e que já trazia idéias platônicas em sua formulação do cristianismo. Aliás, esse item merece um parágrafo à parte aqui nesta introdução.

Bem, e retornando ao assunto do livro em pauta, se o cristianismo ordenou todas as mentes, direta ou indiretamente, no Ocidente,

[4] Nietzsche, Friedrich W. *Crepúsculo dos Ídolos* (*Götzen-Dämmerung*). O problema de Sócrates, § 1.

somente um anticristo poderia inverter essa situação. É dessa forma que Nietzsche se vê. De certa forma, ele deu-se uma missão: a de descristianizar esse mesmo Ocidente. Para combater o cristianismo, o cognome mais apropriado seria o de anticristo. Importante é frisar que o filósofo não se contenta somente com a inversão dos valores, parte também para a criação de novos valores. Para tal fim, é que considera importante o papel do artista, porque ele é um criador. Nitezsche, enquanto anticristo, é um artista da nova cultura. Não quer mais uma cultura congelada em valores religiosos-metafísicos. O filósofo opta pela vida como dança. Por isso, o seu Zaratustra é um dançarino. Nietzsche chega a entoar em *Assim falou Zaratustra, II parte (Also sprach Zarathustra)* um "canto de dança". Por que a dança? Porque ela é movimento que liberta o ser humano e a vida é também movimento. Nada se identifica mais à existência do que a dança. É assim que seu deus preferido é Dionísio, que toca flauta e dança.

O que seria o cristianismo? Tudo aquilo que barra o bailar da própria vida, que encarcera o espírito e o torna pesado, sem agilidade, sem leveza para dançar. Ora, diante do anticristo, até a própria razão baila. Se o cristianismo tornou-se a corrupção dos instintos humanos, o papel do anticristo é denunciar essa corrosão da alma como religião contrária à natureza. O que é Deus para Nietzsche? É a contradição da própria vida. Pelo menos esse Deus cristão, socrático, platônico e metafísico. Deus é a própria declaração de guerra à existência. O cristianismo é o grande caluniador da vontade de potência, mas também serve-se dela para fazer suas interpretações que o filósofo não hesita em chamar de niilistas. Quem é esse Deus cristão em termos da vontade de potência? É uma projeção da pequena razão, não em termos feuerbachianos que projeta o homem em Deus, aquilo que o ser humano gostaria de ser e não é; mas é uma projeção que objetiva a vontade de potência como vontade de nada. Como assim? Deus, ao contrariar a vida como sentido, nega a mesma e, sendo de tal modo, arvora-se em um *nihil* (nada) divinizado. É a vontade de nada, porque o ser humano, mesmo quando em ínfimas condições, prefere querer o nada a nada querer. Se o homem não vê mais sentido em si mesmo como vontade de potência, acaba optando por Deus, essa vontade de nada. E o anticristo põe isso às claras.

Mas este anticristo tem sua questão maior nem tanto em Cristo. Toda a tensão é contra a instituição cristã: a Igreja. Quem foi Cristo para o filósofo? Alguém que combateu e afrontou a hierarquia religiosa de sua época e que, em nenhum momento, deixou escapar os fariseus. Jesus Cristo fora alguém que criara um novo estilo para viver e que chocou-se com as doutrinas farisaicas. Ora, desse ponto de vista, Nietzsche não teria nada contra Cristo, pois colocou em questionamento toda uma cultura assentada numa cultura de rebanho, que o cristianismo, este sim, vai herdar. Isto é, o cristianismo não vem de Cristo, vem do modo de se fazer instituições religiosas desde o judaísmo legalizado na figura do farisaísmo. O próprio Cristo, para o filósofo, não passa de alguém que foi bom demais, pacífico demais, mas questionador romântico que acabou, junto com a sua "boa-nova" (o Evangelho em pessoa), pendurado numa cruz. Eis a justificativa de, logo no princípio deste trabalho, expor-se a citação de Nietzsche de que o Evangelho havia morrido na cruz. Portanto, só existira um cristão autêntico: o próprio Cristo. Tudo o mais é montagem, elocubrações que se tornaram escritas para sustentar toda a prática daqueles que se fariam portadores e perpetuadores da "vontade de Cristo". Ainda há mais, o anticristo não considera Cristo como um fanático, mas o vê como uma criança em inocência, sem rancor. O mesmo já não acontece com o cristianismo, a pátria do ressentimento.

Que tipo de leitura, em suma, Nietzsche faz de Cristo? Uma pessoa boa que atravessou todas as lutas construindo aqui mesmo o seu "Reino dos Céus". Não que ele isente totalmente Jesus Cristo de suas críticas, pois em alguns casos vai associá-lo a um idiota, baseado na leitura que fez do romance de Dostoievski com esse título, *O Idiota*. Mas consigo mesmo Nietzsche, por vezes, encontrava-se em situação parecida e sentia-se, de modo análogo, como o tal idiota Cristo e isso ele explicita numa carta de 1888 a Georg Brandes. Outra obra do mesmo autor que teria influenciado Nietzsche seria *Os Demônios*, em que há certas aproximações entre a aniquilação de Deus e uma nova realidade. Dessa feita, para quem de interesse, é bom que se leiam os dois romances aqui citados. Agora, só para lembrar, a transvaloração dos valores embutida em *O Anticristo* não remete somente a um anticristianismo do filósofo, porém também para uma nova formulação de valores. É necessário avaliar as avaliações, numa versão mais profunda, porque todo valor vem sempre disso. Eis, inclusive, o que ele entende por procedimento genealógico. O título do livro é mais uma provocação ao que está institucionalizado e dogmatizado e não a personificação de um inimigo de Cristo.

Quem o filósofo combate e denomina como fundador da Igreja Cristã é Paulo, o apóstolo. Segundo Nietzsche, Paulo junta seu lado legalista da tradição judaica com o helenismo. Como isso aconteceu? Ora, como oficial do Império Romano, enquanto Saulo, ele perseguira muito os cristãos, contudo sua crença num Deus já era preexistente. Tal como os cristãos, ele era um monoteísta e possuía as raízes do que viria a ser o cristianismo. Do ponto de vista histórico, antes de Roma, o Império Macedônico, de Alexandre Magno, dominara a Grécia e expandira sua filosofia para toda parte das regiões conquistadas por ele. Alexandre fora o responsável pela fusão cultural da Grécia com o Médio Oriente. Já, quando da dominação romana, as influências gregas também foram espalhadas por toda a área de expansão do império, sendo a própria Roma influenciada. De modo que as bases culturais do Ocidente são gregas, afora outras influências promovidas desde o helenismo. Saulo, certamente, não ficou isento dessa formação cultural e carregava em si, principalmente, um misto de elementos judeus e gregos. Com o crescimento do cristianismo, ele acabou sentindo uma simpatia pela coragem dos cristãos ainda não institucionalizados e, como muitas idéias aproximavam-se do judaísmo e do conhecimento grego que Saulo já possuía, foi um passo para que ele se tornasse não só depositário dessas várias culturas, mas que fizesse mesmo algumas aproximações entre elas. Foi o salto de Saulo para Paulo, que compreendeu-se como um dos responsáveis para estruturar o cristianismo com as experiências que trazia, inclusive, do Império Romano. Nesse contexto, encaminhava-se a formação de um cristianismo helenizado ou de um "platonismo para o povo". Se Jesus Cristo não tinha a intenção de uma Igreja institucional, tanto que foi condenado e crucificado, o mesmo já não se pode afirmar de Paulo que fez de tudo para que o cristianismo se institucionalizasse. E Paulo também criou uma outra concepção de Deus, que foi a que vingou. *Deus qualem Paulus creavit, dei negatio* ("Deus, tal como Paulo o criou, é a negação de Deus").[5] Nietzsche declara que o Deus de Jesus Cristo não é o Deus de Paulo, pois em Cristo estava já o próprio Deus, que feria as instituições. E, se nada encontra-se sobre o que Jesus Cristo escrevera, já o mesmo não se

[5] Nietzsche, Friedrich W. *O Anticristo* (*Der Antichrist*), § 47.

pode afirmar de Paulo. As cartas estavam dadas e a base da Igreja havia surgido. Daí, mais tarde, seria um passo para o surgimento da Igreja Católica Apostólica Romana.

Quem é Paulo para Nietzsche? Aquele que subverteu a prática de Cristo e a converteu em outro tipo de "boa-nova" (uma "má-nova", na verdade um "disangelho"). Por isso, aqui repete-se o dito nietzscheano de que o Evangelho morreu na cruz. Paulo, o manipulador da herança de Cristo, é aquele que fez, da vida pautada numa inocência, uma religião da culpa. Junto com ele, foram erigidas interpretações que deixaram a existência à mercê de uma mentalidade balanceada pela idéia de recompensa e castigo. Uma idéia mercantil de débito e crédito. Não bastasse isso, ainda conforme Nietzsche, Paulo é o inventor do além no cristianismo e a sua invenção foi a que venceu. Se antes o Reino de Deus não passava de um estado num coração bondoso, agora passara a ser algo para além da morte, numa outra realidade denominada de além-mundo. E as palavras de Paulo adaptaram a "boa-nova" para servir a toda uma hierarquia eclesiástica, repleta de regras apoiadas num moralismo decadente. Ainda solicitava a todos que o imitassem como ele o fazia com relação a Cristo [6]. Foi um verdadeiro disseminador da estrutura que fundamentava-se sob tudo o que Cristo teria combatido no farisaísmo. A lógica do farisaísmo que estava presente em Paulo era a mesma que havia levado Cristo para a crucificação. E o apóstolo foi longe, pois fez questão de uma casta sacerdotal agindo, tiranicamente, sobre um rebanho. Tinha, ao mesmo tempo, os poderes de um rabino e de um soldado romano. Na perspectiva do filósofo, tal "seguidor" de Jesus Cristo representava novamente a vitória farisaica sobre aquele que morrera na cruz.

Enfim, com Paulo o cristianismo vingou e tornou-se decadente. O que era, desde então, o cristianismo? Tudo aquilo que colocara Cristo sob o poderio da ortodoxia judaica. Não mais valeria a crítica aos rabinos, porque agora também o cristianismo possuía os seus sacerdotes com todos os vícios que uma instituição é capaz de implantar entre os que a sustentam. E quanto mais a vida terrena era detratada na visão paulina, mais crescia o poder da nova casta sacerdotal do cristianismo. Cristo não era mais a referência e sim Paulo sob o nome de Cristo e foi sobre ele que a Igreja organizou-

[6] Isso consta em I Coríntios 11, 1.

se. Isso o apóstolo soube fazer muito bem, na leitura nietzscheana. Também com a idéia de juízo final considerada pelo apóstolo, implantou-se o medo à vida terrena. O dualismo platônico estava mais que efetivado com as pregações de Paulo. A luta da alma contra o corpo, do outro mundo contra este mundo e toda uma seqüência de combates oriundos disso. A sabedoria evangélica passava a ser fruto do além contra o aquém. Ainda mais: Paulo transformava Jesus Cristo no Salvador da humanidade, aquele que tira o pecado do mundo. A culpa grassava pelo mundo, sob o domínio do novo império: o do cristianismo. Uma vida de amor de Cristo acabou em uma doutrina do ódio para com esta vida. Nietzsche é duro nas críticas que faz a Paulo, destacando-o como a negação da vida. E, a partir desses caracteres paulinos, todo cristão passa a ser um ressentido no olhar nietzscheano. O Evangelho, segundo o filósofo, tornou-se um "disangelho" (uma "má-nova"). À medida que o leitor for perpassando as escritas da obra *O Anticristo*, poderá perceber a profundidade daquilo que Nietzsche afirma num de seus parágrafos: "...Só a prática cristã, uma vida tal como a viveu aquele que morreu na cruz, é cristã..."[7] Portanto, para ele, todos os que se denominam cristãos não o são. Nesse caso, o filósofo faz questão de lançar uma *maldição sobre o cristianismo* que é, na realidade, o subtítulo do livro em questão.

Nietzsche acaba considerando o Evangelho como problemático em sua própria gênese e como um divisor moral, no qual os cristãos se apegam para, com pouco modéstia, classificarem-se de "os eleitos", a "comunidade", os "bons e justos", contra o restante do mundo. Paulo teria sido responsável por esse delírio de grandeza. O filósofo faz um alerta quanto à exegese desses escritos, pois há necessidade de interpretá-los com muito cuidado. Para ele, o Novo Testamento tem sua dificuldade expressa em cada uma de suas palavras. Nunca viu com bons olhos essa outra parte da Bíblia. Preferia o Antigo Testamento, que também, apesar de ter sofrido adulterações, era mais genuíno, além de não afrontar tanto assim a vida enquanto aquilo que ela realmente é, em nome de uma outra no além, como negação do mundo e da vontade. Nietzsche lê o cristianismo como automutilação. E, somente alguém carente de muito amor, é que poderia ter inventado um Deus como puro amor.

---

[7] Nietzsche, Friedrich W. *O Anticristo* (*Der Antichrist*), § 39.

Por tal significado de Deus Amor, os cristãos são exatamente o seu contrário: seres de ódio, carentes e ressentidos.

Quais o fundamentos religiosos do filósofo para tanto? Mesmo com as críticas que faz a Ernest Renan, foi em suas obras que o anticristo se baseou para escrever muitas de suas análises a respeito das Escrituras. É interessante notar o quanto de escândalos, por exemplo, a obra *Vida de Jesus (Vie de Jésus)*[8], do historiador das religiões e escritor francês Renan, provocou em toda a Europa. Nietzsche cita-o e deve ter lido a sua *História do Cristianismo (Histoire du christianisme)* e a sua *História do Povo de Israel (Histoire du Peuple d'Israël)*. Também de Tolstói, ele leu *O que é minha fé?*, traduzido para o francês como *Ma Religion*, em que certamente já apareciam idéias lançadas posteriormente na obra *O Reino de Deus está em Nós*, que o filósofo não leu por já estar doente. Isso só para demonstrar o quanto Nietzsche estava mergulhado em seus estudos de filosofia da religião. Também sofreu influências de Julius Welhausen, grande teólogo e orientalista, nascido no mesmo ano em que o filósofo nascera. Ainda, sem contar que um dos grandes amigos de Nietzsche era o teólogo Franz Overbeck, professor de teologia e de crítica ao cristianismo na Universidade da Basiléia. Aliás, foi Overbeck quem recolhera os manuscritos de *O Anticristo*, em Turim (Itália), entre os vários outros papéis do filósofo, quando este já não estava bem. Não fosse isso, quem sabe a obra não teria chegado aos dias de hoje.

Bem, com *O Anticristo*, pode-se perceber, por fim, que o filósofo quer mesmo é combater uma visão deturpada do que são os valores da vida. Eis o motivo de ter posto este livro como ensaio de uma transvaloração dos valores. E, alertando contra os teólogos em geral, Nietzsche avisa que uma leitura religiosa e, principalmente cristã, traz em seu bojo algo de distorcido e desonesto. Por que ele afirma isso? Porque é uma versão que fornece aos homens uma esperança no além, uma falsidade que, sorrateiramente, vai pegando a todos com palavras fortes como "Deus", "salvação" e "eternidade". Conforme ele, Paulo foi o primeiro "teólogo" a inverter os valores da existência, daí a necessidade de identificá-lo a isso e de propor

---

[8] É indicada a leitura da obra citada, a qual consta do catálogo da Martin Claret. Renan, Ernest. *Vida de Jesus*. Trad. Eliana Maria de A. Martins. São Paulo, Martin Claret, 2000.

uma tresvaloração. O filósofo ainda diz o quão perigoso é o cristianismo, pois chegou até a corromper Pascal e o assassinou lentamente com os tormentos de uma crença no além. Nietzsche é implacável quando diz que ao cristianismo não se deve perdoar nunca por ter arruinado homens como Pascal.

E, sobre religiões niilistas, não é somente ao cristianismo que o anticristo se refere. Ele também trata do budismo, porém com uma grande diferença, pois em Buda não há um "monótono-teísmo" baseado no além. Não há aquela concepção do Deus cristão, que contamina a vida com sua enfermidade metafísica. No budismo não existe um Deus como degenerescência da vida, do mundo. Não há uma luta contra a natureza, pelo contrário. Nietzsche também critica o budismo como religião baseada na vontade de nada, uma religião niilista, porém é uma religião em que a culpa não impera. Chega a denominar o budismo de religião higiênica, pois não precisa purgar nada pelo ressentimento, pela consciência de culpa. Claro que ele está tratando dos primórdios do budismo. "O budismo é a única religião autenticamente positiva que a história nos mostra, também incluída aí a sua teoria do conhecimento (um fenomenalismo rigoroso); ela não diz 'luta contra o pecado', senão, dando total razão à realidade, diz 'luta contra o sofrimento'." [9] É sabido o quanto a filosofia oriental atingiu Nietzsche através de suas leituras sobre Schopenhauer e, apesar de o anticristo ter criticado muito a leitura schopenhauriana da realidade, a idéia de que um Deus não governava o mundo muito lhe atraiu. E o budismo sempre lhe chamou a atenção por não trabalhar a partir de um "pecado original", da teoria da culpa, do ressentimento. Outra coisa no budismo que atraiu Nietzsche para desfechar golpes sobre o cristianismo, é que no primeiro não há uma casta dos eleitos e ser perfeito é um caso normal e não uma peculiaridade dos "puros". Segundo o filósofo, o budismo só prega a jovialidade, a calma e a ausência de desejos. O cristianismo traz a senilidade, o desespero e a ansiedade perante um outro mundo. E, novamente, Nietzsche descarrega sua crítica a Paulo, o fundador da Igreja, e ao platonismo. A simpatia do anticristo pelo budismo, porém, também tem limites, pois ela é uma religião niilista em vista da vida como vontade de potência. Somente que, para ele, o cristianismo é pior.

---

[9] Nietzsche, Friedrich W. *O Anticristo* (*Der Antichrist*), § 20.

Por um período da História, Nietzsche chegou a imaginar que o cristianismo estaria perto de uma derrota: durante o Renascimento e, especificamente, quando da Reforma Religiosa. Mas, qual não foi a decepção ao saber que Lutero não fez outra coisa que fortalecer o cristianismo e, ainda mais, Roma. É assim que o filósofo se expressa: "...São meus inimigos, eu confesso, esses alemães (...) têm também sobre sua consciência a espécie mais suja de cristianismo que existe, a mais incurável, a mais irrefutável, o protestantismo...Se não se termina com o cristianismo, culpados disso serão os alemães". [10] Tanto a católicos quanto a protestantes, o problema de Nietzsche é contra o cristianismo e todas as formas que tomou. Por isso, a sua obra *O Anticristo* é muito atual. Pois a moral do ressentimento e da culpa ainda estão presentes no mundo cristão. E são muitos os que, em nome de uma promessa de vida no além, seguem como "rebanhos" a seu pastor, a seu sacerdote, que falam em nome de Cristo, aquele mesmo que, conforme Nietzsche, carregou consigo, na cruz, o seu Evangelho. Toda a luta de Nietzsche é contra a metafísca platônica que foi popularizada e ganhou dimensões gigantescas com o cristianismo. Então, ainda está em voga, o projeto de uma transvaloração dos valores.

São Paulo, agosto de 2000.
Mês e ano do centenário da morte de Nietzsche.

[9] Nietzsche, Friedrich W. *O Anticristo* (*Der Antichrist*), § 61.

Nota

Esta obra teve vários subtítulos diferentes nos manuscritos de Nietzsche, além daquele que adotamos para esta edição:

— *Primeiro Livro da Transmutação de Todos os Valores*
— *O Fim do Cristianismo*
— *Maldição Sobre o Cristianismo*

Foi publicada pela primeira vez em 1895 por Fritz Koegel no tomo 8 das "Obras de Nietzsche".

Prólogo

Este livro destina-se aos homens mais raros. Talvez nem possa encontrar um único sequer que ainda esteja vivo. Estariam eles entre os que compreendem o meu Zaratustra. Como poderia eu misturar-me com aqueles a quem hoje se presta ouvidos? Só o futuro me pertence. Há homens que nascem póstumos.

Conheço muito bem as qualidades que devo ter para que alguém me compreenda, aquelas que necessariamente o forçam a compreender-me. Para suportar a minha seriedade e a minha paixão é preciso ser íntegro nas coisas de espírito até às últimas conseqüências; estar acostumado a viver nas montanhas, a ver abaixo de si o mesquinho charlatanismo atual da política e do egoísmo dos povos; e, finalmente, ter-se tornado indiferente e jamais perguntar se a verdade é útil, se chegará a ser uma fatalidade... Necessária é também uma inclinação para enfrentar questões que hoje ninguém se atreve a elucidar; inclinação para o proibido; predestinação para o labirinto. É preciso que tenham uma experiência de sete solidões.

Ouvidos novos para uma música nova. Olhos novos para o mais distante. Uma consciência nova para verdades que até hoje permaneceram mudas. E uma vontade de economia de grande estilo: reunir a sua própria força, o seu próprio entusiasmo... O respeito por si mesmo, o amor-próprio, a liberdade absoluta para consigo...

Muito bem, só esses são os meus leitores, os meus verdadeiros leitores, os meus leitores predestinados: que importa o resto? O resto é somente a humanidade. É necessário ser superior à humanidade em força, em grandeza de alma — e em desprezo...

Friedrich Nietzsche

I

Olhemo-nos de frente. Somos hiperbóreos[1], e sabemos muito bem como vivemos distantes. "Nem por terra nem por mar encontrarás o caminho que conduz aos hiperbóreos", como Píndaro dizia a nosso respeito. Para além do norte, dos gelos, da morte – a *nossa* vida, a *nossa* felicidade... Descobrimos a felicidade, o caminho que a ela conduz, encontramos a saída após milhares de anos de labirinto. E quem, além de nós, a encontrou? O homem moderno, talvez? "Eu não sei sair nem entrar; sou tudo aquilo que não sabe nem sair nem entrar", suspira o homem moderno... E é *dessa* modernidade que padecemos – da paz apodrecida, do compromisso covarde, de toda a virtuosa imundície do moderno sim e não.

Essa tolerância, esse *largeur*[2] do coração que tudo "perdoa" porque tudo "compreende", é para nós como o vento siroco[3]. Antes viver no meio do gelo do que entre as virtudes modernas e outros ventos do Sul!... Fomos bastante corajosos, não poupamos os outros nem a nós mesmos; éramos por natureza menos domesticáveis que quaisquer outros; mas por longo tempo ficamos sem saber para onde direcionar a nossa coragem. Tornamo-nos tristes, e fomos chamados de fatalistas. A nossa fatalidade era a plenitude, a tensão, o acumular de forças. Tínhamos sede de relâmpagos e de fatos, afastávamos o máximo possível da felicidade dos fracos, da "resig-

---

[1] Povo da mitologia grega que habitava o extremo norte da Terra. Viviam num paraíso onde não existiam tristezas nem doenças e onde, para se chegar lá, só era possível com a ajuda dos Deuses.

[2] Grandeza.

[3] Vento quente e seco do deserto.

nação"... A nossa atmosfera estava carregada de tempestade, a nossa própria natureza nublava-se, *pois não tínhamos encontrado caminho algum.* Eis a fórmula da nossa felicidade: um sim, um não, uma linha reta, uma *meta...*

II

O que é bom? — Tudo aquilo que desperta no homem o sentimento de poder, a vontade de poder, o próprio poder.

O que é mau? — Tudo o que nasce da fraqueza.

O que é a felicidade? — A sensação de que o poder *cresce*, de que uma resistência foi vencida.

Nenhum contentamento, mas mais poder. *Não* a paz acima de tudo, mas a guerra. *Não* a virtude, mas o valor (no sentido de Renascimento: *virtu*, virtude desprovida de moralismos)[4].

Quanto aos fracos, aos incapazes, esses que pereçam: primeiro princípio da nossa caridade. E há mesmo que os ajudar a desaparecer! O que é mais nocivo do que todos os vícios? — A compaixão que suporta a ação em benefício de todos os fracos, de todos o incapazes: o cristianismo...

III

O problema que aqui apresento não é qual o lugar do homem na escala dos seres (o homem é um fim), mas qual o tipo de homem que se deve *criar*, que se deve *pretender,* que tipo terá mais valor, o mais digno de viver, mais seguro do futuro.

Este tipo mais valioso já existiu por mais de uma vez; mas como um feliz acaso, como uma exceção, jamais como um tipo *desejado*. Pelo contrário, foi precisamente o tipo mais temido até o presente, quase que foi a realidade temível por excelência – e esse temor produziu o tipo inverso, desejado, criado, conseguido: o

---

[4] Este "sentido de Renascimento" era o conteúdo que a palavra possuía na Antigüidade. *Vir* (*varão,* do latim) designava as qualidades físicas e morais próprias dos homens, os atributos viris, como a coragem, a bravura, o vigor, a energia. A virtude, portanto, não supunha nenhuma noção de humildade, mas de virilidade.

animal doméstico, do rebanho, a enferma besta humana – o cristão...

IV

Ao contrário do que se afirma hoje, a humanidade não representa uma evolução para algo melhor, mais forte ou mais elevado. O "progresso" não passa de uma idéia moderna, ou seja, de uma idéia falsa. O europeu moderno tem bem menos valor que o europeu do Renascimento. Desenvolver-se não significa forçosamente elevar-se, aperfeiçoar-se, fortalecer-se.

Por outro lado, florescem constantemente casos isolados em diferentes regiões da Terra, provenientes das mais diversas culturas, nos quais se manifesta efetivamente um *tipo superior*. Tipo que, relativamente ao conjunto da humanidade, constitui uma espécie de super-homem. Esses golpes de sorte da grande realização foram, e serão talvez, sempre possíveis. E até mesmo raças inteiras, tribos, povos ou linhagens podem, em alguns casos, representar semelhante *acertar no alvo*.

V

Não se deve embelezar nem desculpar o cristianismo: ele travou uma *guerra de morte* contra este tipo de homem superior, renegou todos os instintos fundamentais deste tipo e desses instintos destilou o mal, o negativo – o homem forte como tipo censurável, como *proscrito*. O cristianismo tomou o partido de tudo o que é fraco, baixo, incapaz, e transformou em um ideal a oposição aos instintos de conservação da vida saudável; e até corrompeu a faculdade daquelas naturezas intelectualmente poderosas, ensinando que os valores superiores do intelecto não passam de pecados, desvios e *tentações*. O mais lamentável exemplo: a concepção de Pascal, que julgava estar a sua razão corrompida pelo pecado original; estava corrompida sim, mas apenas pelo seu cristianismo!

VI

Um espetáculo doloroso e aterrador apresentou-se diante de

mim; ergui o pano da *corrupção* dos homens. Pelo menos na minha boca, esta palavra escapa à suspeita de conter qualquer acusação moral contra o homem. Entendo-a – importa mais uma vez frisar – desprovida de *moralismos*: a tal ponto que percebo essa corrupção precisamente onde, até agora, de modo mais consciente se aspira à "virtude", à "divindade". Eu entendo essa corrupção, como se pode presumir, no sentido de *décadence*; afirmo que todos os valores nos quais a humanidade deposita seus mais elevados anseios são *valeurs de décadence* [5].

Considero corrupto um animal, um indivíduo, uma espécie, quando despreza seus sentidos, quando faz uma opção ao que lhe é prejudicial. Uma análise a respeito dos "sentimentos elevados", dos "ideais da humanidade" – pode ser que ainda venha a escrevê-la – quase esclareceria por que o homem é tão degenerado. A própria vida apresenta um instinto para o crescimento, para o poder; sem isso, ocorre o desastre. Sucede, porém, que esses valores mais elevados da humanidade foram despojados de vontade; os valores de decadência, de niilismo superam os mais sagrados.

VII

O cristianismo é conhecido como a religião da piedade. A piedade, porém, é deprimente, pois enfraquece as paixões revigorantes que aumentam a sensação de viver. O homem perde o poder quando é contagiado pelo sentimento de piedade, e esta dissemina todo sofrimento. Às vezes, ela pode conduzir a um total sacrifício da vida e da energia vital – uma perda totalmente desproporcional diante da magnitude da causa (o exemplo da morte do Nazareno). A piedade opõe-se completamente à lei da evolução, lei da seleção natural. Ela luta ao lado dos condenados pela vida. A humanidade aprendeu a chamar a piedade de virtude, quando em todo o sistema moral superior ela é considerada como uma fraqueza. Do ponto de vista religioso e moral, a piedade toma um aspecto *muito menos inocente* quando se descobre de que natureza é a tendência que ali se esconde sob palavras sublimes: a tendência *hostil à vida*. Schopenhauer era hostil à vida; foi por isso que a piedade se

[5] Valores de decadência.

transformou para ele numa virtude... Aristóteles via na piedade um estado mórbido e perigoso que seria importante eliminar de quando em quando por meio de um purgante: para ele esse purgante era a tragédia. Para a proteção do instinto vital seria necessário que nos separássemos desse tumor de piedade, tão mórbido e doentio como o que se nos depara no caso de Schopenhauer (e desgraçadamente, também, no de toda a nossa *décadence* literária e artística, desde São Petersburgo a Paris, de Tolstoi a Wagner), fazendo-o *rebentar*... Nada há de mais doentio, no meio da nossa insalubre modernidade, que a piedade cristã. É aí que é necessário sermos médicos, manejarmos o escalpelo – eis o que *nos* cabe, eis a *nossa* caridade, eis o que nos torna filósofos, a nós, os hiperbóreos.

VIII

É necessário que digamos *quem* consideramos como nossos antagonistas: os teólogos e todo aquele que tem nas veias sangue de teólogo, toda a sua filosofia... É preciso ter visto de perto esse destino; mais ainda, é preciso tê-lo vivido, é preciso ter quase perecido por causa dele, para não admitir que se brinque num caso destes (o livre pensamento dos nossos senhores homens de ciência, dos nossos fisiólogos, é, a meus olhos, um *gracejo*; falta-lhes a paixão nestas questões, falta-lhes ter sofrido por elas). Esse envenenamento estende-se muito além do que se imagina: encontrei o instinto de presunção, próprio dos teólogos, por toda a parte onde, nos nossos dias, há alguém que se sente "idealista" – por toda parte onde há alguém que se arroga, em virtude de uma origem mais elevada, o direito de olhar para a realidade com superior indiferença... O idealista, tal como o padre, tem na mão todas as grandes noções (e não só na mão!) e lança-as com um benévolo desprezo contra o "intelecto", os "sentidos", as "honras", o "conforto", a "ciência"; vê tais coisas *abaixo* de si como forças perniciosas e sedutoras, acima das quais "o espírito" plana, numa abstração pura, como se a humildade, a castidade, a pobreza, numa palavra, a *santidade,* não tivessem causado até hoje infinitamente mais prejuízo à vida que qualquer horror, qualquer vício... O puro espírito, eis a pura mentira... Enquanto o padre passar por ser superior – o padre, esse caluniador, esse envenenador da vida por *profissão* – não haverá resposta para a pergunta: O que é a verdade? A verdade já foi posta ao contrário quando o advogado voluntário do nada e da negação foi considerado como o representante da "verdade" [6].

IX

É contra este instinto teológico que movo guerra: por toda a parte encontrei vestígios dele! Todo aquele em cujas veias corre sangue de teólogo fica desde logo numa posição falsa perante tudo e todos, numa posição que carece de dignidade. Ao *pathos*[7] que dele emana dá-se o nome de *fé*: fechar os. olhos perante si mesmo, definitivamente, a fim de evitar o sofrimento que o aspecto de uma falsidade incurável provoca. Desta óptica falseada, a tudo aplicada, extrai-se intimamente uma moral, uma virtude, uma santidade, transformando-se uma *má visão* na condição necessária para uma *boa consciência* – e após esta ter-se tornado sacrossanta, sob os nomes de "Deus de "Salvação", de "eternidade", já não se aceita que uma *outra* óptica possa ter valor. Continuei por toda a parte a esbarrar com o instinto teológico: é a mais divulgada forma da falsidade que existe na Terra, a sua forma, para falarmos com propriedade, verdadeiramente *subterrânea.* O que um teólogo considerar como verdadeiro *deve* ser falso: é quase um critério de verdade. É o seu mais baixo instinto de conservação que o proíbe de honrar a verdade, ou sequer conceder-lhe a palavra seja sobre que assunto for. Aonde chegar a influência teológica, estão pervertidas as *avaliações* e forçosamente invertidos os conceitos "verdadeiro" e "falso": "verdadeiro" será, neste caso, aquilo que é mais prejudicial para a vida; "falso" será tudo quanto a eleva, realça, afirma, justifica e a conduz ao triunfo... Quando sucede que os teólogos, através da "consciência" dos príncipes (ou dos povos), estendem as mãos para o poder, não duvidemos do que realmente acontece: a vontade do fim, a vontade *niilista,* aspira ao poder...

---

[6] "O que é a verdade?" refere-se à pergunta de Pilatos, e "o advogado voluntário do nada e da negação" é Cristo.

[7] Do grego = sentimento, emoção.

X

Entre os alemães é fácil compreender-me quando digo que a filosofia está corrompida pelo sangue teológico. O pastor protestante é o avô da filosofia alemã, e o próprio protestantismo, o seu *peccatum originale*[8]. Definição do protestantismo: hemiplegia[9] do cristianismo – e da razão... Basta pronunciar o nome Tübingen Stift[10] para entender o que é no fundo a filosofia alemã: uma teologia *fraudulenta.* Os suevos são os melhores embusteiros da Alemanha, mentem inocentemente... Donde provinha pois a alegria que, com o aparecimento de Kant, passou pela Alemanha no mundo dos letrados, nas suas três quartas partes constituído por filhos de pastores e mestres-escolas? Donde provinha a convicção alemã, que mesmo ainda hoje encontra eco, de que se iniciara com Kant alguma mudança para um mundo *melhor*? O instinto teológico do letrado alemão adivinhava o *que* então voltava a ser possível.. Abria-se um caminho indireto para o antigo ideal, o conceito de "mundo verdadeiro", a noção de moral como *essência* do mundo (as mais perversas noções que existem!) eram de novo senão demonstráveis, pelo menos *impossíveis de refutar,* graças a um ceticismo sutil e astuto... A razão, o *direito* da razão, não vai tão longe... Fizera-se da realidade uma "aparência"; um mundo completamente *forjado,* o da essência, apresentara-se como a realidade... O êxito de Kant foi apenas um êxito de teólogo; tal como Lutero, como Leibniz, Kant foi mais um freio à já pouco sólida integridade alemã.

XI

Uma palavra mais contra Kant, como *moralista.* Deve a virtude ser *nossa* criação, *nossa* defesa e *nossa* necessidade mais pessoal: tomada em qualquer outro sentido, não passa de uma armadilha. O que não é uma condição vital é *prejudicial* à vida: uma virtude que provém simplesmente de um sentimento de respeito perante a

---

[8] Pecado original.

[9] Termo médico que designa paralisia de metade do corpo.

[10] Seminário de Tübingen. Famoso seminário protestante em Tübingen, na Suábia, onde estudaram Schelling, Hegel e Hölderlin.

noção de "virtude", como a pretendia Kant, é perigosa. A "virtude", o "dever", o "bem em si", o bem como o caráter da impessoalidade e da generalidade – quimeras em que se exprime a decadência, a agonia final da vida, a astúcia de Königsberg[11]. É precisamente o inverso que ordenam as mais profundas leis da conservação e do crescimento: que cada um crie a sua própria virtude, o *seu* imperativo categórico[12]. Um povo corre para a própria ruína quando confunde o seu dever com a idéia geral do *Dever.* Nada é mais ruinoso que o dever "impessoal", o sacrifício ao Deus Moloch[13] da abstração. – Será possível não encarar o imperativo categórico de Kant como uma *ameaça contra a vida?...* Só o espírito teológico o tomou sob a sua proteção! – Uma ação provocada pelo instinto vital prova o seu *valor* pelo prazer que suscita; e aí temos esse niilista com entranhas de dogmatismo cristão a considerar o prazer como uma *objeção...* Haverá por acaso algo que destrua alguém mais rapidamente do que trabalhar, pensar, sentir, sem uma necessidade interior, sem uma escolha profundamente pessoal, *sem prazer,* como autômato do "dever"? Eis precisamente a *receita* da *décadence,* da própria imbecilidade... Kant tornou-se imbecil. E era contemporâneo de Goethe! Aquele homem com um destino de aranha era considerado como o *filósofo alemão* por excelência – e continua a sê-lo!... Abstenho-me de dizer o que penso dos alemães... Não via Kant na Revolução Francesa a passagem da forma inorgânica do estado à forma *orgânica?* Não se perguntou ele a si próprio se existia algum acontecimento que não fosse explicável senão pela presença no

---

[11] Cidade da Prússia onde Kant nasceu e passou toda a sua vida. Por isso, também é conhecido como "filósofo de Köenizsberg".

[12] Conceito kantiano. Considera-se *imperativo* uma proposição que tenha a forma de comando, de imposição e, em particular, de um comando ou ordem que o espírito dá a si próprio. Kant distinguia duas espécies de imperativos: o *hipotético* (ou condicional), quando a ordem ou determinação está subordinada como meio para atingir determinado fim (ex.: *sê justo, se queres ser respeitado*); e o *categórico* (ou não-condicional), se a ordena é incondicional (ex. *sê justo*). Para Kant só existia um imperativo categórico fundamental (e é a esse que Nietzsche se refere) cuja fórmula é: "Procede sempre segundo uma máxima tal que possas desejar ao mesmo tempo que ela se torne universal".

[13] Ou Moloch; que sob o qual se designa na Bíblia uma divindade adorada pelos Moabitas e Amonitas, que lhe sacrificavam crianças.

homem de uma disposição moral, de tal modo que por esse acontecimento ficasse provada, de uma vez para sempre, "a tendência da humanidade para o bem?". Resposta de Kant: "Isso é a revolução". O instinto que em tudo e sobre tudo se engana, o instinto em revolta contra a natureza, a decadência alemã como filosofia – *eis o que é Kant.*

XII

Excluo alguns céticos, os exemplos decentes na história da filosofia; os restantes ignoram as mais elementares exigências da probidade intelectual. Cada um desses prodígios, desses fenômenos, porta-se como as mulherzinhas – tomam logo como argumentos os "belos sentimentos", por sopro de divindade o "peito erguido", a convicção por um *critério* de verdade. Já no final dos seus dias Kant, com a sua inocência "alemã", tentou transformar essa corrupção, essa falta de consciência intelectual, em ciência, chamando-a de "razão prática": inventou propositadamente uma razão que especifica os casos em que não há que dar atenção à razão, ou seja, aqueles em que a moral, a sublime exigência "tu deves" faz ouvir a sua voz. Se considerarmos que, em quase todos os povos, o filósofo é apenas o prolongamento do tipo sacerdotal, já não nos surpreende essa herança do padre, *essa fraude contra si mesmo.* Quando alguém tem deveres sagrados, como por exemplo tornar os homens melhores, salvá-los, redimi-los, quando se traz a divindade no peito, quando se é o porta-voz dos imperativos supraterrenos, uma tal missão coloca-o já acima de qualquer avaliação intelectual – já não é *ele próprio* sagrado por uma tal tarefa, já não é ele o próprio tipo de uma hierarquia superior?... Que interessa a *ciência* a um padre? Ele se situa muito acima dela! – E até agora o padre tem reinado! – Era ele *quem determinava* os conceitos de "verdadeiro" e de "falso"!

XIII

Não subestimemos o seguinte fato: *nós próprios,* nós, os espíritos livres, somos, aqui e agora, uma "transmutação de todos os valores", uma *autêntica* declaração de guerra, vitoriosa, a todas as velhas concepções do "verdadeiro" e do "falso". Os conhecimentos mais proveitosos são os que mais tardiamente se adquirem; ora, as luzes mais valiosas são os métodos. Todos os métodos, todas as suposições do nosso atual espírito científico foram alvo, durante séculos, do mais profundo desprezo; por eles, era-se excluído do convívio com as pessoas "honestas" – passava-se por "inimigo de Deus", detrator da verdade, por "possesso". Como caráter científico, era-se *tchandala*[14]. Tínhamos contra nós todo o *pathos* da humanidade – o seu conceito do que *deve* ser verdade, do que *deve* ser o serviço da verdade: cada um dos imperativos "tu deves", até ao presente, era dirigido contra nós... Os nossos objetivos, as nossas experiências, os nossos modos tranqüilos, circunspectos, desconfiados – tudo isso lhes parecia absolutamente indigno e desprezível. Enfim, quase seria oportuno perguntar, com alguma razão, se não haveria um certo refinamento estético a reter a humanidade numa tão prolongada cegueira: exigia ela da verdade um efeito *pitoresco*, e exigia, igualmente, que aquele à procura do conhecimento produzisse sobre os sentidos uma forte impressão. Por isso a nossa *humildade* foi-lhes durante tanto tempo profundamente desagradável... Oh! como eles o adivinhavam, esses sabichões da divindade!

XIV

Nós freqüentamos outras escolas, adotamos outro método. Tornamo-nos, em todos os aspectos, mais modestos. Já não fazemos descender o homem do "espírito", da "divindade", voltamos a colocá-lo entre os animais. Para nós, o homem é o animal mais forte, porque é o mais hábil; toda a sua espiritualidade é disso conseqüência. Repudiamos por outro lado uma vaidade que, a tal respeito, muito gostaria de novamente se fazer ouvir: considerar o homem como tendo sido o grande desígnio prévio da evolução animal. A verdade é que ele não é de modo algum a coroa da criação; cada ser encontra-se ao seu lado no mesmo grau de perfeição... Afirmá-lo é, ainda assim, vã pretensão, pois o homem é de todos os animais o mais imperfeito, o mais mórbido, o mais perigosamente desviado dos seus instintos – ainda que, com tudo isto, seja também o animal

[14] Nome genérico dado aos indivíduos da classe mais inferior na sociedade de castas hindu; o mesmo que pária.

mais interessante! No que respeita aos outros animais, Descartes foi o primeiro, com louvável ousadia, a considerá-lo como *máquina*: toda a nossa fisiologia esforça-se por comprovar este princípio. Por isso, logicamente, não colocamos o homem à parte, como fez Descartes; em tudo o que hoje se concebe do homem, nada há que não esteja integrado nesta concepção do homem como máquina. Noutros tempos concedia-se ao homem o "livre-arbítrio" como um dote de um mundo superior; hoje, até a vontade lhe retiramos, na medida em que não pode ser mais entendida no sentido de um atributo. O antigo termo "vontade" ou "arbítrio" só serve para designar uma resultante, uma espécie de reação individual que necessariamente se segue a um conjunto de excitações concordantes ou contraditórias – a vontade já não "age" nem "se move"... Outrora via-se na consciência do homem, no seu "espírito", a prova da sua origem superior, da sua divindade; para aperfeiçoar o homem, aconselhavam-no, à semelhança da tartaruga, a recolher os seu sentidos em si mesmo, a suprimir as relações com o mundo terrestre, a desprender-se do seu "invólucro mortal": então não ficaria dele senão o essencial, o "espírito puro". Também aí alteramos o pensamento: consideramos precisamente a consciência, o "espírito", como sendo o sintoma de uma relativa imperfeição do organismo, como um ensaio, um tatear, uma imperícia, como que um trabalho em que se consome inutilmente muita energia nervosa – negamos que qualquer coisa possa ser feita com perfeição sempre que seja feita conscientemente. O "puro espírito" é uma pura estupidez: se retirarmos o sistema nervoso e os sentidos, o chamado "invólucro mortal", *o resto é um erro de cálculo* – e isso é tudo!...

XV

No cristianismo, nem a moral nem a religião estão em contato com a realidade. Somente encontramos nele *causas* imaginárias ("Deus", "alma", "eu", "espírito", o "livre-arbítrio" ou também o "não-livre"); *efeitos* imaginários ("pecado", "salvação", "graça", "castigo", "remissão dos pecados"); um comércio entre *seres imaginários* ("Deus", "espíritos", "almas"); uma *ciência natural* imaginária (antropocentrismo, ausência do conceito de causa natural); uma *psicologia* imaginaria (só erros sobre si próprio, interpretações de sentimentos gerais agradáveis ou desagradáveis, por exemplo dos estados do *nervus sympathicus,* com o auxílio da linguagem figurada da idiossincrasia religioso-moral – "arrependimento", "remorso", "tentação do demônio", "presença de Deus"); uma *teologia* imaginária ("o reino de Deus", "o juízo final", a "vida eterna"). Este universo das *ficções puras* distingue-se, para sua grande desvantagem, do mundo dos sonhos, que pelo menos reflete a realidade, ao passo que este não faz mais do que falseá-la, desprezá-la e negá-la. Depois de se ter criado o conceito "natureza" como oposição ao conceito "Deus", "natural" tornou-se forçosamente sinônimo de "desprezível", pois que todo esse mundo de ficções tem a sua origem no ódio contra o natural, contra a realidade! É a expressão de um profundo mal-estar perante o real... *Mas eis que tudo se explica.* Quem terá razões para fugir da realidade *através da mentira*? Só a quem ela fizer *sofrer.* Mas *sofrer* pela realidade significa que se é realmente *falho*... O predomínio do sentimento de pena sobre o sentimento de prazer é a *causa* desta moral e desta religião fictícias; mas um tal excesso estabelece bem a fórmula para a *decadência*...

XVI

Uma crítica da *concepção cristã de Deus* impõe uma conclusão semelhante. Um povo que ainda acredita em si possui, além disso, um Deus que lhe é próprio. Venera nesse Deus as condições que o tornam vitorioso, as suas virtudes – projeta a sensação de prazer que a si próprio se causa, o seu sentimento de poder, num ser a quem por isso pode agradecer. Quem é rico, oferece-Lhe o que tem; um povo orgulhoso necessita de um Deus a quem possa fazer *sacrifícios.* A religião é, nestas condições, uma forma de agradecimento. E um agradecimento a si mesmo: para isso se precisa de um Deus. Tal Deus deve poder servir e prejudicar, deve poder ser amigo e inimigo; e dever-se-á admirá-lo tanto no bem como no mal. A castração *antinatural* de um Deus para o converter num Deus unicamente do bem seria, neste caso, totalmente indesejável. Tanta necessidade se tem de Deus mau como de Deus bom. Não é exatamente à tolerância, à filantropia, que se deve a própria existência.. Que valeria um Deus que não conhecesse nem a cólera, nem a vingança, nem a inveja, nem o engano, nem a astúcia, nem a violência, que ignorasse até os maravilhosos *ardeurs*[15] da vitória e da destruição? Um tal Deus não se compreenderia; então para que o ter? Sem dúvida, quando um povo perece; quando sente desaparecer para sempre a sua fé no futuro, a sua esperança na liberdade; quando a submissão lhe parece ser necessária; quando as virtudes dos servos entram na sua consciência como imperativos de sobrevivência, então é preciso também que o seu Deus se transforme. Torna-se hipócrita, medroso, humilde; aconselha a "paz de alma", a ausência do ódio, o respeito, até o "amor" tanto para com os amigos como para com os inimigos. Não faz mais do que moralizar; insinua-se em cada virtude privada; torna-se o Deus de cada homem; particulariza-se, torna-se cosmopolita... Em outros tempos, Ele representava um povo, a força de um povo, tudo o que na alma de um povo existe de agressivo e sedento de poder; a partir de agora Ele nada mais será que o bom Deus... De fato, não há para os Deuses outra alternativa: ou são a vontade de poder – e enquanto o forem serão Deuses de um povo – ou são a impotência do poder – e então tornar-se-ão, forçosamente, *bons*.

XVII

Por toda a parte em que, por qualquer forma, a vontade de poder se encontre em declínio, existirá igualmente uma regressão fisiológica, uma decadência. A divindade dessa decadência, castrada das suas virtudes e instintos viris, converter-se-á, forçosamente, no Deus dos que se encontram em retrocesso fisiológico, no Deus dos fracos. Estes *não* se chamam a si próprios "fracos"; dizem ser os "bons"... Não é necessário ser perito para se compreender em que momentos da História a ficção dualista de um Deus bom e de um Deus mau se torna possível. O mesmo instinto que leva os vencidos a reduzir o seu Deus à "bondade em si mesma" elimina as qualidades do Deus dos seus vencedores; vingam-se dos seus dominadores *demonizando* o Deus destes; tanto o bom Deus como o Diabo são produtos da decadência. – Como é possível haver ainda nos nossos dias quem se submeta de tal forma ao simplismo dos teólogos cristãos que concorde com eles que a evolução da concepção de Deus, desde o "Deus de Israel", o Deus de um povo, até ao Deus cristão, personificação de todas as bondades, é um *progresso*? Mas

[15] Ardores, ímpetos.

fê-lo o próprio Renan. Como se Renan tivesse direito ao simplismo! E o que salta à vista é precisamente o contrário! Quando as premissas da vida *ascendente*, tudo quanto é forte, valoroso, dominante, orgulhoso, são eliminadas do conceito de Deus; quando este decai progressivamente até degenerar no símbolo de um báculo para cansados, de uma tábua de salvação para os que se afogam; quando é transformado no Deus dos miseráveis, Deus dos pecadores, Deus dos doentes por excelência, e o atributo "Salvador", "Redentor" passa a ser o único atributo divino, o que significará tal metamorfose? O que implica uma tal *redução* do divino? – Decerto que desse modo se aumentou o "reino de Deus". Outrora tinha apenas o seu povo, o seu povo "eleito".

A partir de então, tal como o seu povo, partiu para o exílio, viajou sem parar – até se sentir em casa em qualquer parte mundo, o grande cosmopolita; até ter do seu lado "o grande número", metade do mundo. Mas o Deus do "grande número", o democrata entre os Deuses, está bem longe de ter encontrado o orgulho de um Deus pagão: manteve-se judeu, continuou a ser o Deus das esquinas, o Deus dos recantos e lugares obscuros, de todos os bairros insalubres do mundo inteiro!... O seu reino universal é, agora como dantes, um reino de submundo, um hospital, um reino subterrâneo, um reino de gueto. E ele próprio tão pálido, tão débil, tão decadente. Até os mais lívidos entre os pálidos se puderam apoderar dele, os senhores metafísicos, os albinos do pensamento. Esses tanto teceram teias em seu redor que, hipnotizado pelos seus movimentos, ele próprio se transformou em aranha, ele próprio em metafísico. Então, voltou a desafiar a teia do mundo para fora de si – *sub specie Spinoze*[16] –, então transformou-se em algo cada vez mais tênue, cada vez mais pálido, fez-se "ideal", "espírito puro", "absoluto", "coisa em si"... *A ruína de um Deus.* Deus converte-se em "coisa em si"...

XVIII

A concepção cristã de Deus – Deus como Deus dos doentes, Deus que tece como aranha, Deus espírito – é uma das mais

---

[16] Frase de sentido duplo: *segundo a óptica de Espinoza* e *sob a forma de aranha.* Trata-se de um jogo de palavras baseado no próprio nome de Espinoza – *spinne* significa, em alemão, *aranha.*

corruptas concepções de Deus a que sobre a Terra se tem apresentado; representa até, possivelmente, o nível mais baixo da evolução declinante do tipo divino: Deus degenerado em *contradição da vida* em vez de ser a sua glorificação, e a sua eterna *afirmação*! Declarar guerra em nome de Deus à vida, à natureza, à vontade de viver! Deus, essa fórmula para todas as calúnias contra o "aqui e agora" e para todas as mentiras do "além"! O nada divinizado em Deus, a vontade do nada santificada!...

XIX

O fato de as raças vigorosas do Norte da Europa não terem repelido o Deus cristão não honra de modo algum o seu talento religioso – para não falar do seu gosto. Deveriam elas ter triunfado sobre esse produto da decadência, mórbido e senil. Mas, porque o não repeliram, caiu sobre elas uma maldição: absorveram nos seus instintos a doença, a senilidade, a contradição – e desde então não voltaram a criar Deus algum! Quase dois milênios decorridos e nem um único Deus novo! Apenas subsistindo sempre e como que por direito, como um *ultimatum*[17] e *maximum*[18] da força criadora do divino, do *creator spiritus*[19] no homem, esse miserável Deus do monoteísmo cristão! Esse híbrido edifício de escombros, feito de zero, de conceito e de contradição, no qual todos os instintos da decadência, todas as covardias e fadigas de alma encontram a sua sanção!

XX

Não queria, com a minha condenação do cristianismo, ter prejudicado uma religião análoga que, até pelo número dos que a professam, lhe é superior: o *budismo*. Ambas se assemelham enquanto religiões niilistas – são religiões da decadência –, mas divergem do modo mais singular. O crítico do cristianismo deve aos sacerdotes hindus uma profunda gratidão por lhe ser hoje

---

[17] Última palavra.

[18] Máximo.

[19] Espírito criador.

possível *compará-las*. O budismo é cem vezes mais realista que o cristianismo. Possui, por herança, a faculdade de saber formular os problemas de forma fria e objetiva; surgiu após séculos de atividade filosófica; o conceito de Deus já não tem qualquer valor na sua gênese. O budismo é a única religião autenticamente positiva que a história nos mostra, também incluída aí a sua teoria do conhecimento (um fenomenalismo rigoroso); ela não diz 'luta contra o pecado', senão, dando total razão à realidade, diz 'luta contra o sofrimento'." Deixa atrás de si – e isso distingue-o profundamente do cristianismo – esse logro de si próprio, que são as concepções morais; coloca-se, para falar a minha linguagem, para além do bem e do mal. Os dois dados fisiológicos em que se apóia e que toma em consideração são: *primeiro*, uma excessiva sensibilidade que se exprime por uma requintada capacidade de sofrer; *depois*, uma extraordinária espiritualidade, uma preocupação demasiado prolongada nos conceitos e processos lógicos, na qual o instinto pessoal foi lesado em proveito da "impessoalidade" (dois estados que pelo menos alguns dos meus leitores, os "objetivos", conhecerão como eu por experiência própria). Estas condições fisiológicas originam uma *depressão*, e Buda combate-a então por meio de medidas higiênicas. Emprega como remédio a vida ao ar livre, a vida nômade; a temperança e a seleção dos alimentos; a prudência face às bebidas alcoólicas; igual precaução contra todas as emoções que produzem a bílis e aquecem o sangue; ausência de *inquietações* tanto com respeito a si como a outrem. Prescreve representações que provoquem ora o repouso ora a alegria, e encontra meios de se desembaraçar das restantes. Considera a bondade, o estado de bondade, como favorável à saúde. É excluída a oração, assim como o ascetismo; nenhum imperativo categórico, absolutamente nenhum *constrangimento*, nem sequer no interior da comunidade de um convento (sempre é permitido sair dela). Tudo isto serão meios para se reforçar aquela excessiva sensibilidade. É por essa razão que o budismo não exige a luta contra os que pensam de maneira diversa; a sua doutrina nada repudia, a não ser o sentimento de vingança, a aversão, o *ressentimento* ("não é a inimizade que porá fim à hostilidade": refrão comovedor de todo o budismo...). E com razão: essas emoções seriam as mais doentias face à intenção dietética principal. A fadiga espiritual que se lhe apresenta e se exprime num excesso de "objetividade" (ou seja, "enfraquecimento do interesse individual", perda do equilíbrio, do "egoísmo"), combate-a ele dirigindo estritamente para a própria *pessoa* os interesses espirituais. O egoísmo, na doutrina de Buda, converte-se em dever: o "uma coisa é necessária", o "como te desembaraçares do sofrimento", eis o que rege e delimita toda a dieta espiritual (vem à lembrança a figura daquele ateniense que declarou igualmente guerra à atitude "científica", Sócrates, que, mesmo no domínio dos problemas, elevou o egoísmo pessoal ao nível de um princípio de moral).

XXI

O budismo necessita de um clima extremamente doce, muita amenidade e liberalidade nos costumes, *ausência* de militarismo; e que o movimento tenha o seu foco nas classes mais altas e mais cultas. Pretende-se como fim supremo a serenidade, o silêncio, a ausência de desejos, e *atinge-se* essa finalidade. O budismo não é uma religião em que unicamente se aspira à perfeição: a perfeição é o caso normal.

No cristianismo, os instintos dos servos e dos oprimidos colocam-se em primeiro lugar: são as castas mais baixas que nele procuram a sua salvação. Nele pratica-se como ocupação, como remédio contra o aborrecimento, a casuística do pecado, a autocrítica, a inquisição da consciência; nele se mantém incessantemente (pela oração) o êxtase perante um *poderoso* chamado "Deus"; nele, o mais elevado é considerado inacessível, dádiva, "graça". Falta-lhe também a abertura: o esconderijo, o lugar obscuro, são cristãos. Nele se despreza o corpo, a higiene é rejeitada como sendo sensualidade; a Igreja defende-se até da limpeza (a primeira medida tomada pelos cristãos após a expulsão dos árabes foi o encerramento dos banhos públicos, dos quais só em Córdoba existiam duzentos e setenta). O que é cristão é um certo instinto de crueldade para consigo e para com os outros; o ódio aos que pensam de maneira diferente; a vontade de perseguir. São as idéias sombrias e inquietantes que ocupam o primeiro plano; os estados de alma mais rebuscados, designados com os nomes mais honrosos, são estados epilépticos; escolhe-se a dieta que favoreça os sintomas mórbidos e sobreexcite os nervos. O que é cristão é o ódio de morte contra os senhores da terra, contra os "nobres" — e ao mesmo tempo uma rivalidade secreta, inconfessada (deixa-se-lhes o "corpo", quer-se apenas a "alma"...). O que é cristão é o ódio contra o *espírito,* contra o orgulho, a coragem, a liberdade, a *libertinagem* do espírito; o que é cristão é o ódio contra os *sentidos,* contra a alegria dos sentidos, contra a alegria em geral...

XXII

O cristianismo, assim que abandonou o seu primeiro terreno, as castas inferiores, o submundo da antiguidade, quando procurou o poder entre os povos bárbaros, não tinha mais, como primeira condição diante de si, homens fatigados, mas homens interiormente empobrecidos, que se destruíam entre si – o homem vigoroso, mas atrofiado. A insatisfação consigo próprio e o sofrimento por si não são aqui, como entre os budistas, sensibilidade demasiada e excessiva capacidade de sofrer, mas o contrário, um desejo irreprimível de fazer sofrer, de libertar a tensão interior através de ações e representações hostis. Para dominar os *bárbaros,* o cristianismo tinha necessidade de conceitos e valores *bárbaros,* daí o sacrifício do primogênito, a ingestão de sangue na comunhão, o desprezo pelo espírito e pela cultura; a tortura sob todas as suas formas, corporal e espiritual; a grande pompa do culto. O budismo é uma religião para homens mais evoluídos, para raças que se tornaram doces, amenas, excessivamente espirituais, que são muito suscetíveis à dor (a Europa ainda não está, nem de longe, suficientemente amadurecida para ele); é uma recondução dessas raças à paz e à serenidade, à dieta no domínio do espírito, a um certo amadurecimento no domínio do corpo. O cristianismo pretende dominar homens ferozes; o meio de o conseguir é torná-los *doentes* – o enfraquecimento é a receita cristã para a domesticação, para a "civilização". O budismo é uma religião para o último estágio e fadiga da civilização; o cristianismo nem sequer achou na sua frente uma civilização – em último caso, criou-a.

XXIII

O budismo, devemos repeti-lo, é cem vezes mais frio, mais verídico, mais objetivo. Não tem mais a necessidade de justificar o seu sofrimento, a sua capacidade de sofrer, através da interpretação do pecado; diz simplesmente o que pensa: "eu sofro". Para o bárbaro, sofrer, em si, nada tem de digno, muito pelo contrário:

necessita previamente de uma explicação para poder confessar a si próprio o *fato* de sofrer (o seu instinto leva-o a negar o sofrimento e a suportá-lo silenciosamente). Neste caso, a palavra "Diabo" foi uma bênção; enfrentava-se um inimigo todo poderoso e terrível; não havia nada de vergonhoso em sofrer nas mãos de um tal inimigo.

O cristianismo possui na sua base alguns requintes que lhe vêm do Oriente. Antes de mais nada, sabe que é de todo indiferente que uma coisa seja verdadeira em si, mas que é da maior importância que ela *seja* tomada como verdadeira. A verdade e a *crença* em que algo seja verdadeiro: eis os dois mundos de interesse absolutamente divergentes, mundos quase *antagônicos* – a um e a outro se chega por caminhos radicalmente diferentes. O fato de se estar iniciado nesta matéria quase produz o sábio no Oriente: assim o entendem os brâmanes, assim o entende Platão e todos os discípulos da sabedoria esotérica. Se, por exemplo, existe felicidade em alguém julgar-se livre do pecado, não será necessário, como condição prévia, que o homem seja pecador, o essencial é que se *sinta pecador*. Ora, se a crença é o mais importante, tornar-se-á obviamente imprescindível lançar o descrédito sobre a razão, o conhecimento, a pesquisa: o caminho da verdade torna-se um caminho *proibido*. A forte esperança é um estimulante muito maior para a vida do que qualquer felicidade isolada que se realize no plano da realidade. Para aqueles que sofrem é necessário uma esperança que a realidade não possa contradizer – e da qual satisfação alguma os consiga afastar uma esperança de além-túmulo. (É precisamente por causa desta sua capacidade de entreter os desgraçados, que a esperança era considerada entre os gregos como o mal entre os males, o mais astucioso de entre todos: deixavam-no no fundo da Caixa de Pandora[20]. Para que o *amor* seja possível, Deus deve ser uma pessoa; para que os instintos mais baixos possam se expandir, é necessário que o Deus seja jovem. Para o fervor das mulheres, põe-se em primeiro plano um belo santo; para o dos homens, uma virgem. Isto na pressuposição de que o cristianismo queira imperar num terreno onde o culto de Afrodite ou o de Adônis tinha já

[20] Referência à mitologia grega equivalente à lenda judaica da maçã de Eva: a primeira mulher abre a caixa dos males, e estes, devido à sua curiosidade, se espalham pelo mundo – no fundo da "caixa" só fica a Esperança. Seria como interpretar que a Esperança é a única coisa que resta para o conforto da humanidade nos seus momentos de infelicidade.

determinado o caráter da adoração. A exigência de *castidade* reforça a veemência e a interioridade do instinto religioso – torna o culto mais fervoroso, mais exaltado, mais intenso. O amor é o estado em que os homens têm mais probabilidades de ver as coisas como elas não são. A força da ilusão encontra-se aqui no seu ponto mais alto, bem como a força suavizante e glorificante. No amor suporta-se mais que o habitual, tolera-se tudo. Tratava-se pois de inventar uma religião onde se pudesse amar: pois o amor permite esquecer o que de pior a vida tem – já nem sequer se notarão tais coisas. E eis o que chega para explicar as três virtudes cristãs: fé, esperança, caridade; denomino-as as três *habilidades cristãs*. O budismo é demasiado evoluído, demasiado positivista para ter ainda este tipo de habilidades.

XXIV

Limito-me aqui a abordar o problema da *origem* do cristianismo. Necessitamos, para resolver o problema, de um *primeiro* princípio enunciado da forma seguinte: o cristianismo só pode ser compreendido a partir do terreno em que se desenvolveu – não é de modo algum um movimento de reação contra o instinto judaico, mas a própria conseqüência dele, um avanço na sua lógica temível, na fórmula do Redentor: "A salvação vem pelos judeus". E eis o *segundo* raciocínio: o tipo psicológico do Galileu[21] pode-se reconhecer facilmente ainda, mas foi somente após ser completamente desfigurado (por mutilação e acréscimos de características estrangeiras) que ele pôde ter a utilização que lhe deram, servir de tipo para *Salvador* da humanidade.

Os judeus são o povo mais singular da história, porque, ao verem-se colocados perante o dilema do ser ou não ser, preferiram, com uma lucidez extraordinária, o ser *por qualquer preço*: esse preço era a falsificação radical de toda a natureza, de toda a realidade, tanto do mundo interior como do exterior. Entrincheiraram-se contra todas as condições que permitiam até aí que um povo tivesse a

---

[21] A palavra possui forte conotação histórica, pois assim era mais freqüentemente designado Cristo no séc. IV, na época das grandes lutas entre os pagãos, ou *helenos,* liderados pelo imperador Juliano, e os cristãos, alcunhados depreciativamente Galileus, fanáticos do Galileu.

possibilidade, o *direito* de viver; fizeram de si próprios uma antítese das condições *naturais* – perverteram sucessivamente e de modo irremediável a religião, o culto, a moral, a história, a psicologia, transformando-os na *antítese dos seus valores naturais*. Voltamos mais uma vez a encontrar este mesmo fenômeno, elevado a proporções inauditas mas apenas como cópia: a igreja cristã, aos olhos do "povo eleito", não pode de modo algum ter pretensões de originalidade. É por essa razão que os judeus são o povo mais *funesto* da história universal: a humanidade foi a tal ponto falseada pelo ulterior efeito da sua ação que, hoje em dia, um cristão pode sentir-se antijudeu sem se considerar a si próprio como a última *conseqüência do judaísmo*.

Na minha *Genealogia da Moral* expus, pela primeira vez, psicologicamente, a antinomia entre uma moral *nobre* e uma moral de *ressentimento*, originada a última pelo *não* pronunciado contra a primeira: eis a moral judaico-cristã por inteiro. Para poder dizer "não" a tudo o que representa o movimento *ascendente* da vida sobre a Terra, o crescimento, o poder, a beleza, a auto-afirmação, era necessário que o instinto de *ressentimento* convertido em gênio fabricasse para si próprio um outro mundo, onde essa *afirmação da vida* fosse considerada o mal, o reprovável por si. Sob o ponto de vista psicológico, o povo judeu é o que possui força vital mais tenaz, o que, colocado em condições dificílimas, toma livremente, por uma profundíssima sabedoria de conservação, o partido de todos os instintos de decadência – não por estar sujeito a esses instintos, mas porque adivinha neles um poder que lhe permitia afirmar-se contra "o mundo". Os judeus são o contrário de todos os decadentes: tiveram de *representar o* papel destes até à perfeita ilusão, souberam colocar-se à frente de todos os movimentos de decadência com um *non plus ultra*[22] do gênio teatral (na forma do cristianismo de Paulo) para deles fazer algo que fosse mais forte que qualquer partido de *adesão* à vida. Para o tipo de homens que no judaísmo e no cristianismo aspiram ao poder, a decadência é um estado *sacerdotal*, unicamente um *meio*: é interesse vital dessa classe de homens tornar a humanidade *doente* e perverter as noções de "bem" e de "mal", de "verdadeiro" e de "falso" num sentido mortal para a vida e infamante para o mundo.

---

[22] *Não mais além*, isto é, algo inexcedível, que não se ultrapassa.

XXV

A história de Israel é inestimável como história típica da desfiguração de todos os valores naturais; apresento cinco fatos que deixam isso claro. Primitivamente, sobretudo na época dos Reis, Israel encontrava-se perante tudo em relação *justa*, ou seja, em relação natural. O seu Yahweh[23] era a expressão do sentimento de poder, do prazer e da esperança em si próprios: dele se esperavam a vitória e a salvação, com ele se confiava na natureza e em que ela daria o que é necessário ao povo – principalmente a chuva. Yahweh é o deus de Israel e, *por conseguinte,* o deus da justiça: lógica de todo o povo que possui o poder e a consciência tranqüila. É no culto solene que se manifestam estes dois aspectos da afirmação própria de um povo: mostra-se agradecido pelos grandes destinos que o elevaram à dominação, sente gratidão pela regularidade do ciclo das estações e por qualquer êxito na criação dos animais e na agricultura. Este estado de coisas foi durante muito tempo considerado ideal e era-o ainda quando foi abolido da forma mais aflitiva: no interior, a anarquia, e no exterior, os assírios. Mas o povo conservou como sua mais alta aspiração a imagem de um rei que era ao mesmo tempo bom soldado e severo juiz, sobretudo esse profeta típico (ou seja, crítico e satírico da situação momentânea) – Isaías. Mas toda a esperança foi em vão. O deus antigo nada mais podia fazer do que o fizera em outros tempos. Deviam tê-lo deixado sucumbir. Em vez disso, que aconteceu? Modificaram a noção que dele tinham – deformaram essa noção: e por esse preço o conservaram. Yahweh, o deus da "Justiça", já não mantém a sua unidade com Israel, já não é a expressão do orgulho de um povo: não passa agora de um deus condicionado...

XXVI

Falseada a noção de Deus, falseada a noção de moral, a heresia hebraica não se deteve por aí. Era-lhe impossível servir-se de toda a *história* de Israel: desfez-se, pois, dela. Esses sacerdotes realizaram

---

23 *Yahveh* ou *Iavé*, uma das designações do Deus de Israel utilizadas nos Livros Sagrados.

o prodígio de falsificação de que permanece como documento comprovativo uma grande parte da Bíblia. Com um desprezo ímpar por toda a tradição, afrontando toda a realidade histórica, *transcreveram em sentido religioso* o seu próprio passado nacional, isto é, fizeram dele um estúpido mecanismo de salvação: a ofensa contra Yahweh merece punição; o amor por Yahweh, recompensa. Muito mais dolorosamente sentiríamos essa escandalosa falsificação da história se a milenar interpretação eclesiástica não nos houvesse tornado quase insensíveis às exigências da probidade *in historicis*[24]. E os filósofos apoiaram a Igreja, a *mentira* da "ordem moral universal" percorre toda a evolução da filosofia até à mais moderna. Que significa a "ordem moral universal"? Que existe, sem qualquer dúvida, uma vontade de Deus, que decide tudo o que o homem deve ou não fazer; que o valor de um povo ou de um indivíduo se gradua segundo a sua maior ou menor obediência à vontade de Deus; que nos destinos de um povo ou de um indivíduo mostra-se *dominante* a vontade divina que castiga ou recompensa segundo o grau de obediência.

Posta em lugar desta lastimável mentira, a *realidade* significa: certa espécie de homem parasita que não prospera senão a expensas de todas as formas sãs da vida, o *sacerdote*, abusa do nome de Deus; chama "reino de Deus" a um estado de sociedade no qual é ele quem fixa os valores; chama "vontade de Deus" aos meios que emprega para alcançar ou manter tal situação; com cinismo glacial, valoriza os povos, as épocas, os indivíduos, conforme foram úteis ou resistiram à preponderância sacerdotal. Observemo-lo em seu trabalho: nas mãos dos sacerdotes judeus a *grande* época da história de Israel converteu-se numa época de decadência; a Diáspora, a longa calamidade, transformou-se num *castigo* eterno pela grande época – pela época em que o sacerdote ainda não tinha poder algum. Transformaram, conforme as necessidades, as figuras poderosas e heróicas *totalmente livres* da história de Israel em beatos e hipócritas miseráveis, ou então "ímpios"; simplificaram a psicologia de todos os grandes acontecimentos na fórmula idiota de "obediência ou desobediência a Deus". Mais ainda: a "vontade de Deus" (isto é, as condições de conservação do poder dos sacerdotes) deve ser *conhecida*; para alcançar tal objetivo, é necessária uma "revelação". Dito de outra forma: na necessidade de uma grande falsificação

[24] Nas questões históricas.

literária, descobrem-se umas "sagradas escrituras" – tornam-se públicas com grande pompa hierática, com jejuns e lamentações por causa do longo estado de "pecado". A "vontade de Deus" já estava há muito tempo determinada; o mal fora terem-se afastado da "Sagrada Escritura"... já a Moisés havia sido revelada a "vontade de Deus"... Que sucedera? O sacerdote, com rigor e preciosismo, havia formulado de uma vez por todas os grandes e pequenos tributos que se lhe deveriam pagar (não esquecendo os melhores pedaços de carne, porque o sacerdote é um apreciador do belo bife), o *que ele desejaria ter,* qual era a "vontade de Deus"... Desde então, todas as coisas da vida estão de tal modo ordenadas, que o sacerdote se torna por *toda a parte indispensável*; em todos os acontecimentos naturais da vida, nos momentos do nascimento, do casamento, da doença, da morte, para não falar do "sacrifício" ("a ceia"), aparece o santo parasita para os *desnaturalizar* – na sua linguagem: para "os santificar"... Porque é necessário compreender isto: todo o costume natural, toda a instituição natural (o Estado, a Justiça, o casamento, os cuidados que se devem prestar aos pobres e aos doentes), toda a exigência inspirada pelo instinto da vida, numa palavra, tudo o que tem o seu valor *por si* é desprezado por princípio, tornado *contrário* ao seu valor pelo parasitismo do sacerdote (ou da "ordem moral universal"); necessita-se depois de uma sanção, deve encontrar-se um poder que, *conferindo-lhe valor*, negue nele a natureza, criando por esse fato um valor... O sacerdote despreza, profana a natureza: é esse o preço pelo qual subsiste. A desobediência a Deus, ou seja, ao sacerdote, à "lei", chama-se agora "pecado"; os meios para se "reconciliar com Deus" são, como era de esperar, meios que asseguram ainda mais profundamente a sujeição ao sacerdote: só o sacerdote "salva"... Examinados psicologicamente, os "pecados" tornam-se indispensáveis em toda a sociedade organizada sacerdotalmente; são os verdadeiros instrumentos do poder, o sacerdote *vive* do pecado, tem necessidade de que se "peque"... Princípio supremo: "Deus perdoa a todo aquele que faz penitência" – ou, por outras palavras, *ao que se submete.*

XXVII

O cristianismo desenvolveu-se num terreno como este, completamente *falso,* onde toda a natureza, todo o valor natural, toda a *realidade* tinham contra si os mais profundos instintos da classe governante, uma forma de hostilidade de morte contra a realidade, que desde então não foi ultrapassada. O "povo eleito" que em tudo adotara valores sacerdotais, palavras sacerdotais, e que havia considerado, com uma lógica assustadora, como "ímpio", como "mundo", como "pecado", tudo o que ainda estava no poder sobre a Terra – esse povo criou, como instinto próprio, uma última fórmula que era conseqüente até à negação de si mesmo; até negou, no *cristianismo,* a última forma da realidade, o "povo sagrado", o "povo dos eleitos", a própria realidade *judaica.* O caso é de primeira ordem: o pequeno movimento insurrecional, batizado com o nome de Jesus de Nazaré, é uma *repetição* do instinto judaico – por outras palavras, o instinto sacerdotal que já não suporta a realidade do sacerdote, a invenção de uma forma de existência ainda *mais abstrata*; de uma visão do mundo ainda mais *irreal* do que a determinada pela organização de uma Igreja. O cristianismo *nega* a Igreja...

Não sei contra quem estava dirigida a insurreição da qual Jesus passou, *erroneamente* talvez, por ser o promotor, se é que não se dirigia contra a Igreja judaica, "igreja" tomada exatamente no sentido que hoje damos a esta palavra. Era uma insurreição contra "os bons e os justos", contra os "santos de Israel", contra a hierarquia da sociedade; não contra a corrupção da sociedade, mas contra a casta, o privilégio, a ordem, a fórmula; foi a descrença nos "homens superiores", um *não* pronunciado contra tudo o que era sacerdote e teólogo; mas a hierarquia que desse modo era posta em causa, ainda que momentaneamente, era a jangada em que ainda se sustentava o povo judaico no meio "da água" – a última possibilidade de sobreviver, dificilmente adquirida, o último resíduo da sua existência política autônoma; um ataque contra essa existência era um ataque contra o seu mais profundo instinto popular, contra a vontade de viver de um povo, a mais tenaz que alguma vez existiu sobre a Terra. Esse santo anarquista que incitava o povo mais baixo, os réprobos e "pecadores", os párias do judaísmo, à resistência contra a ordem estabelecida – com uma linguagem que ainda hoje o conduziria à Sibéria, por acreditar nos Evangelhos –, esse santo anarquista era um criminoso político, pelo menos tanto quanto era possível um criminoso político numa comunidade *absurdamente* apolítica. Isto levou-o à cruz, prova-o a inscrição que sobre ela existia. Morreu pelos *seus* pecados – não há razão para se pretender, apesar de o ter sido feito tantas vezes, que morreu pelos pecados dos outros.

XXVIII

Uma questão completamente distinta é saber se ele tinha consciência de suas contradições ou se essa foi a única contradição de que tomou conhecimento. E é só aqui que se toca no problema da *psicologia do Salvador*. Reconheço que leio poucos livros com tanta dificuldade como os Evangelhos. Dificuldades estas diferentes daquelas em cuja demonstração a sábia curiosidade do espírito alemão celebrou um dos seus mais memoráveis triunfos. Já vai longe o tempo em que também eu, como qualquer outro jovem erudito, rebuscava, com a prudente lentidão de um filósofo requintado, a obra do incomparável Strauss. Eu tinha então vinte anos, agora sou demasiado sério para isso. Que me importam as contradições da "tradição"? Como pode chamar-se "tradição" as lendas de santos? As histórias de santos são a literatura mais equívoca que existe: aplicar-lhes o método cientifico, se não existem outros documentos, é um processo condenado *a priori* – simples divagação de erudito...

XXIX

O que me interessa é o tipo psicológico do Salvador. Este *poderia* estar contido nos Evangelhos, ainda que mutilado e sobrecarregado de traços estranhos, como o de Francisco de Assis que, apesar das suas lendas, assim se apresenta. Não se trata da verdade sobre o que ele fez, sobre o que ele disse, nem sobre o modo como morreu, mas sim de saber-se se ainda nos é possível imaginar o seu tipo, se ele foi *conservado pela tradição.* Todas as tentativas que fiz, para descobrir nos Evangelhos até a *história* de uma "alma", parecem-me provas de uma detestável frivolidade psicológica. O senhor Renan, esse arrivista *in psychologicis*[25], apresentou, para a explicação do tipo de Jesus, as duas idéias mais *indevidas* que se lhe possam aplicar: a noção de *gênio* e a de *herói* (*heros*). Mas se há algo que não é evangélico é a idéia de herói. Precisamente o contrário de toda a luta, de toda a disposição belicosa, converteu-se ali em instinto: a incapacidade de resistência transforma-se em moral ("não resistas ao mal", a asserção mais

[25] Nos assuntos psicológicos.

profunda dos Evangelhos, de certo modo a sua chave); a beatitude na paz, na doçura, na *incapacidade* de ser inimigo! Que significa "a boa-nova"? Encontrou-se a vida verdadeira, a vida eterna; não é prometida, está aqui, está *em* nós, enquanto for a vida no amor, sem exclusão, sem distância. Todos são filhos de Deus. Jesus não reserva absolutamente nada para si mesmo. Como filho de Deus, cada um é igual a todos... Fazer de Jesus um *herói*! E que maior equivoco não é a palavra "gênio"! Toda a nossa concepção cultural de "espírito" não tem sentido algum no mundo em que Jesus viveu. Falando com o rigor de um fisiologista, uma palavra completamente diferente deveria ser usada em seu lugar. Conhecemos um estado mórbido de irritação do *sentido do tato* que retrocede horrorizado ao ver-se na necessidade de tocar, de agarrar qualquer objeto sólido. Reduza-se um *habitus*[26] fisiológico tal à sua última conseqüência, como ódio instintivo contra toda a realidade, como fuga ao impalpável, ao "incompreensível"; como repugnância por toda a fórmula, toda a noção de tempo e de espaço; contra tudo o que é sólido, costume, instituição, Igreja; como o estar em casa num mundo em que nenhuma espécie de realidade é sentida, num mundo exclusivamente "interior", num mundo "verdadeiro", num mundo "eterno"... "O reino de Deus está *em vós"*...

XXX

O ódio instintivo contra a realidade: conseqüência de uma extrema aptidão para o sofrimento, de uma extrema irritabilidade, que já não suporta deixar-se "tocar", visto sentir com demasiada violência qualquer contato.

A exclusão instintiva de toda a aversão, de toda a inimizade, de todas as fronteiras e de todas as distâncias no sentimento: conseqüências de uma grande faculdade de sofrer, de uma excessiva irritabilidade, que sofre já toda a resistência, toda a necessidade de resistir, como uma angústia insuportável (isto é, como nocivo, como *desaconselhado* pelo instinto de conservação) e que só conhece a bem-aventurança (o prazer) em não resistir jamais, a ninguém mais, nem ao mal, nem ao perigo: o amor como única, como *última* possibilidade de vida...

[26] Comportamento.

Estas são as duas *realidades fisiológicas* sobre as quais e pelas quais se desenvolveu a doutrina da redenção. Considero-as como um sublime prolongamento do hedonismo sobre bases completamente doentias. O epicurismo, a doutrina de redenção do paganismo, aproxima-se muito dele, apesar de carregada de uma forte dose de vitalidade grega e de energia nervosa. Epicuro era um *típico decadente;* fui eu o primeiro a reconhecê-lo como tal. O medo da dor, ainda que da dor infinitamente pequena, não pode acabar de outro modo que não seja numa *religião do amor...*

XXXI

Antecipadamente dei a minha resposta ao problema. Pressupõe ela que o tipo do Salvador foi conservado com uma grande desfiguração. Esta desfiguração é em si muito verosímil: por várias razões, um tipo semelhante não podia manter-se puro, completo, livre de outros acréscimos. O meio em que se movia esta estranha figura e, mais ainda a história, o *destino* das primeiras comunidades cristãs, devem ter deixado nele vestígios. O tipo foi enriquecido, retrospectivamente, com traços que não podem ser interpretados senão por motivos de guerra, como fins de propaganda. Aquele mundo estranho e enfermo em que os Evangelhos nos introduzem – um mundo que se diria saído de uma novela russa, onde a escória da sociedade, as doenças nervosas e a imbecilidade "infantil" parecem ter combinado encontro – deve ter de qualquer maneira *tornado mais grosseiro* o tipo: os primeiros discípulos, em particular, traduziram na sua crueza própria, para poderem compreender alguma coisa, um ser completamente formado de símbolos e de coisas intangíveis; para eles o tipo *existiu* apenas depois de formado em moldes já conhecidos... O profeta, o messias, o futuro juiz, o professor de moral, o milagreiro, João Batista, foram outras tantas possibilidades para desfigurar o tipo... Enfim, não menosprezemos o *proprium*[27] de todas as grandes venerações, sobretudo quando são sectárias: apagam nos seres venerados as idiossincrasias, os traços originais por vezes penosamente estranhos – *deixam mesmo de os ver.* Devemos lamentar que um Dostoievski não tenha vivido na

[27] Propriedade, qualidade.

proximidade do mais interessante dos decadentes, isto é, alguém que soubesse sentir profundamente o encanto comovente de tal mescla do sublime, do doentio e do infantil. Um último ponto de vista: o tipo, enquanto tipo da decadência, pode ser, com efeito, singularmente complexo e contraditório; tal possibilidade não se pode excluir por completo. No entanto, tudo parece dissuadir-nos dela: precisamente neste caso deveria a tradição ser notavelmente fiel e objetiva; temos, no entanto, razões para admitir o contrário. Para começar, existe uma enorme contradição entre o pregador das montanhas, dos lagos e prados, cuja silhueta é a de um Buda num terreno muito pouco hindu, e aquele fanático da agressão, inimigo mortal dos teólogos e dos sacerdotes, que a malícia de Renan classificou como *le grand maitre en ironie*[28]. Eu próprio não duvido por um só instante de que uma grande dose de veneno (e até de *esprit*[29]) haja sido derramada sobre o tipo do mestre, pelo estado de agitação da propaganda cristã, porque sobejamente se conhece o escrúpulo dos sectários quando se trata de compor a sua própria apologia na pessoa do seu mestre. Quando a primeira comunidade cristã teve necessidade de um teólogo justiceiro, aguerrido, intempestivo, maliciosamente sutil e colérico para enfrentar outros teólogos, *criou* o seu Deus, conforme as suas necessidades, assim como também pôs sem reparo na sua boca estas idéias, tão completamente contrárias ao Evangelho e das quais não poderia prescindir agora: a "volta de Cristo", o "juízo final", toda a espécie de esperanças e promessas temporais.

XXXII

Ainda uma vez mais me oponho a que se incluam o fanatismo no tipo do Salvador; a palavra *impérieux*[30], usada por Renan, é suficiente para anular por si só o tipo. A "boa-nova" consiste precisamente em não existirem mais contradições: o reino de Deus pertence às crianças; a fé que aqui se revela não é uma fé adquirida por lutas; ela existe desde o princípio; é, por assim dizer, uma

---

[28] "O grande mestre em ironia".

[29] Espírito, ironia.

[30] Imperioso.

candidez infantil que se refugiou no espiritual. O caso da puberdade retardada e que fica em estado latente no organismo é familiar pelo menos aos fisiologistas como sintoma resultante da degenerescência. Uma fé tal não se irrita, não acusa, não se defende; não usa "espada"; não imagina sequer o conflito que poderia provocar algum dia. Não se manifesta nem por milagres, nem por recompensas, nem por promessas, muito menos "pelas Escrituras"; é ela própria, e a cada instante, o seu próprio milagre, a sua recompensa, a sua prova, o seu "reino de Deus". Esta fé tampouco se formula – vive, recusa as fórmulas. Sem dúvida o acaso do meio, da língua e da formação, determina certo círculo de conceitos; o cristianismo primitivo não se serve senão de noções judaico-semíticas (o comer e beber em comunhão está entre elas, essa idéia de que tão maliciosamente abusou a Igreja, como de tudo o que é judaico). Mas cautela, não se veja nisso outra coisa mais do que uma linguagem de sinais, uma semiótica[31], um pretexto para parábolas. Precisamente o não ser nenhuma palavra tomada à letra é, para este anti-realista, a condição prévia de todo o seu discurso. Entre os hindus ter-se-ia servido das idéias de Sankhya e, entre os chineses, das de Lao-Tsé – sem sentir diferença entre elas. Com alguma tolerância na expressão, poder-se-ia chamar a Jesus um "espírito livre", o que é concreto deixa-o indiferente: a palavra mata, tudo aquilo que é sólido *mata.* A idéia de "vida", como uma *experiência*, a única que ele conhece, opõe-se no seu ensino a toda a espécie de palavra, de fórmula, de lei, de fé, de dogma. Fala unicamente das coisas interiores: "vida", ou "verdade", ou "luz", são as suas palavras para o universo interior – tudo o mais, toda a realidade, a natureza inteira, a própria linguagem, não tem para ele senão o valor de um sinal, de uma parábola. Não deve uma pessoa de modo algum equivocar-se neste caso, por maior que seja a sedução existente nos pressupostos cristãos, isto é, *eclesiásticos*: este simbolismo por excelência situa-se fora de toda a religião, de toda a noção de culto, de toda a ciência histórica e natural de qualquer experiência do mundo, de todo o conhecimento, de toda a prática, de toda a política, de toda a psicologia, de todos os livros, de toda a arte. A sua "sabedoria" é precisamente a *ignorância absoluta* de que *existam* semelhantes

---

[31] Semiótica é a ciência dos sinais; é a ciência geral de todas as linguagens. Cf. Santaella, Lúcia. *O que é Semiótica.* 15ª edição. São Paulo, Brasiliense, 1999.

coisas. A *civilização* nem sequer lhe é conhecida por referência, não tem necessidade de lutar contra ela – não a nega... O mesmo sucede com respeito ao Estado, a todas as instituições civis e de ordem social, ao trabalho, à guerra – nunca teve razão para negar o "mundo", nunca conheceu o conceito eclesiástico "mundo". A *negação* é pois para ele um ato completamente irrealizável. Falta-lhe também a dialética, assim como a idéia de que uma crença, uma "verdade", pode ser provada por razões (as suas provas são "luzes" interiores; sensações de prazer internas e afirmações de si próprio, tudo "provas de força"). Semelhante doutrina *não pode* contradizer; não compreende em absoluto que possam existir outras doutrinas; é incapaz de imaginar um juízo contrário... Sempre que o encontra, entristece-se por compaixão interior com essa "cegueira" – porque ela vê a "luz" –, mas não levantará quaisquer objeções...

XXXIII

Em toda a psicologia do "Evangelho" falta a noção de culpa e de castigo, assim como a idéia de recompensa. O "pecado", toda a relação de distância entre Deus e o homem, fica suprimido – *essa é precisamente a boa-nova.* A felicidade eterna não está prometida, nem ligada a condições: é a *única* realidade – tudo o mais não passa de sinal para falar dela.

As *conseqüências* de semelhante estado projetam-se numa prática nova, a prática propriamente evangélica. Não é a sua "fé" o que distingue o cristão: o cristão age, distingue-se pela sua maneira de agir *diferente.* O cristão não oferece resistência àquele que se mostra contrário a ele, nem por palavras, nem no seu coração. Não faz diferença entre estrangeiros e compatriotas, entre judeus e não-judeus (o "próximo", mais propriamente o correligionário na fé, o judeu). Não se aborrece com ninguém, nem despreza ninguém. Nem se apresenta nos tribunais, nem dá atenção às suas decisões ("não prestar juramento"). Em caso algum deixa-se separar da esposa, mesmo em caso de adultério comprovado. Tudo isto é, no fundo, um princípio, tudo é conseqüência de um instinto.

A vida do Salvador não foi outra coisa senão essa pratica – assim também foi a sua morte... Não tinha mais necessidade de fórmulas nem de ritos para as relações com Deus, nem sequer da oração. Acabou com todos os ensinamentos judaicos de arrependimento e de perdão; sabia que só com a *prática* da vida é que alguém pode se sentir "divino", "bem-aventurado", "evangélico", a cada instante "filho de Deus". O "arrependimento", a "oração pela salvação" *não* são caminhos para Deus: só *a prática evangélica* conduz a Deus; ela, justamente, é "Deus"! O que foi *destronado* pelo Evangelho é o judaísmo das idéias de "pecado", de "remissão dos pecados", de "fé", de "salvação pela fé", toda a dogmática judaica foi negada na "boa-nova".

O instinto profundo da maneira como se deve *viver*, a fim de o homem se sentir "no céu", para se sentir "eterno", enquanto qualquer outro comportamento *impede* que uma pessoa se sinta "no céu": essa é a única verdade da psicologia da "redenção". Uma vida nova, *não* uma nova fé...

XXXIV

Se compreendo alguma coisa a respeito desse grande simbolista é o fato de só considerar como realidades, como "verdades", realidades *interiores* – que o resto, tudo o que é natural, temporal, espacial, histórico, só o considerava como sinais, como pretextos para parábolas. A noção do "Filho do Homem" não é uma personalidade concreta, que pertença à história, algo individual, único, mas sim um dado "eterno", um símbolo psicológico liberto da noção de tempo. O mesmo sucede uma vez mais e num sentido mais elevado, com respeito ao *Deus* desse simbolista típico, ao "reino de Deus", ao "reino dos céus", à "filiação divina". Nada menos cristão do que as *cruzes eclesiásticas* de um Deus *pessoal*, de um "reino de Deus" que *há de vir,* de um "reino dos céus" *no além,* de um "filho de Deus" *segunda pessoa* da Trindade. Tudo isto é – se me permitem a expressão – um soco no olho – oh! e em que olho! – do Evangelho: um *cinismo histórico-universal* no ridicularizar do símbolo... Portanto vê-se claramente – nem todos o vêem, reconheço isso – o que se quer dizer pelos símbolos de "Pai" e de "Filho": com a palavra "Filho" exprime-se a *entrada* no sentimento da transfiguração total de todas as coisas (a bem-aventurança); com a palavra "Pai", *esse mesmo sentimento,* o sentimento da eternidade e da realização. Envergonha-me recordar o que a Igreja fez desse simbolismo: não colocou ela uma história de Anfitrião no limiar da fé cristã? E um dogma da "imaculada conceição" ainda por cima?

O que ela conseguiu deste modo foi macular a concepção...

O "remo dos céus" é um estado da alma, e não o que quer que seja que suceda "para além da Terra", ou "depois da morte". No Evangelho falta toda a idéia de morte natural; a morte não é uma ponte nem uma passagem, ela falta porque faz parte de um mundo de aparências, completamente diferente, útil unicamente para símbolo. A "hora da morte" *não* é uma idéia cristã – a "hora", o tempo, a vida física e as suas crises não existem sequer para o mestre da "boa-nova"... O "reino de Deus" não é algo que se espere, não tem ontem nem amanhã, não vem dentro de "mil anos" – é uma experiência do coração; está em toda a parte e não está em parte alguma...

XXXV

Este "gozoso mensageiro" morreu como tinha vivido, como *havia ensinado* – não de modo *algum* para "salvar os homens", mas para demonstrar como se deve viver. O que legou à humanidade foi a *prática*: a sua atitude perante os juízes, perante as autoridades, perante os seus acusadores e perante toda a espécie de calúnias e de ultrajes – a sua atitude na cruz. Não resiste, não defende o seu direito, não dá nem um passo para afastar de si o fim, mas, pelo contrário, provoca-o. Suplica, sofre e ama com aqueles, por aqueles que o maltratam. Todo o Evangelho está contido nas palavras que sobre a cruz ele dirige ao ladrão. "Em verdade este era um homem *divino,* um filho de Deus!", diz o ladrão. Se sentes isso – responde o redentor –, então estás no paraíso, és um filho de Deus[32]. Não se defender, *não* se encolerizar, *não* se queixar... Mas também *não* resistir ao mal – amá-lo...

XXXVI

Somos nós, os espíritos livres, que nos encontramos nas condições necessárias para compreender algo que dezenove séculos não

[32] Cf. Mateus 27, 54 é o centurião que, após Jesus morrer, disse as palavras que Nietzsche atribui, aqui, ao ladrão. O filósofo sofre uma pequena confusão na parte referida.

souberam entender – estamos providos dessa probidade convertida em instinto e paixão que declara guerra à "sagrada mentira", mais ainda do que a todas as outras mentiras... Estava-se indizivelmente longe da nossa neutralidade benevolente e circunspecta, dessa disciplina do espírito que permite adivinhar coisas tão remotas e tão sutis; estavam escandalosamente preocupados consigo próprios; o que a todo o momento pretendiam era procurar o *seu* interesse e construíram a *Igreja* opondo-se ao Evangelho...

Para aqueles que procurassem indícios de que por detrás da grande comédia do mundo quem puxa pelos cordéis é uma divindade irônica, não encontrariam pequeno argumento neste gigantesco ponto de interrogação que se chama cristianismo. A humanidade ajoelha-se perante o contrário do que era a origem, o sentido, o *direito* do Evangelho; santificou na idéia de "Igreja" o que o "alegre mensageiro" considerava precisamente como abaixo de si, atrás de si – em vão se procuraria um exemplo melhor de ironia histórica...

XXXVII

A nossa época tem orgulho no seu senso histórico; como pôde deixar-se convencer da insânia de que o cristianismo começa com a *grosseira fábula do salvador e fazedor de milagres,* e de que tudo quanto é espiritual e simbólico não se desenvolveu senão mais tarde? Bem pelo contrário: a história do cristianismo – desde a morte na cruz – é a história da incompreensão, cada vez mais grosseira, do simbolismo *original.* Cada vez que o cristianismo se espalhava entre massas mais numerosas e mais incultas, que se afastavam sempre mais das condições que lhe tinham determinado a origem, tornava-se preciso vulgarizar o cristianismo, barbarizá-lo; doutrinas e ritos de todos os cultos subterrâneos do *Imperium Romanum*[33], a aberração de todas as espécies de doenças mentais, nada há que ele não tenha absorvido. O destino do cristianismo encontrou-se na necessidade em que se encontrava de tornar a sua crença tão enferma, tão baixa, tão vulgar, assim como doentes, baixas e vulgares eram as necessidades que devia satisfazer. A *barbárie enferma* acumula por último o seu próprio poder na Igreja – na Igreja, essa forma de mortal inimizade face a toda a justiça, a

[33] Império Romano.

toda a grandeza de alma, a qualquer disciplina de espírito, a toda a humanidade livre e sem ódio. Os valores cristãos, os valores *nobres*: nós, espíritos libertados, fomos os primeiros a restabelecer esse supremo antagonismo entre os valores.

XXXVIII

Não posso neste momento reprimir um suspiro. Há dias em que se apodera de mim um sentimento mais negro que a mais negra melancolia: o *desprezo pelos homens.* E, para não deixar dúvida alguma *sobre o que* desprezo e a *quem* desprezo, direi que é o homem de hoje, de quem por fatalidade sou contemporâneo. O homem de hoje – o seu hálito impuro asfixia-me... Como todos os clarividentes, uso de grande tolerância para com o passado, isto é, *generosamente* me constranjo a mim mesmo: atravesso com melancólica circunspecção milhares de anos de um mundo-manicômio, chama-se ele "cristianismo", "fé cristã" ou "igreja cristã" – tenho o cuidado de não tornar a humanidade responsável pelas suas doenças mentais. Mas a minha sensibilidade revolta-se, entra em erupção, assim que penetro nos tempos modernos, nos nossos tempos. O nosso tempo é *consciente*... O que outrora não era senão doença, é hoje inconveniência – nos nossos dias é indecoroso ser cristão. *E aqui está onde começa a minha náusea.* Olho à minha volta: não resta uma só palavra daquilo a que noutro tempo se chamava "verdade"; já não suportamos que a palavra "verdade" seja pronunciada por um sacerdote, ainda que o seja na ponta dos lábios. Mesmo com as mais modestas exigências de eqüidade, é *necessário* que se saiba que hoje um teólogo, um sacerdote, um papa, a cada frase que pronunciam não se enganam apenas, mas *mentem* – e não lhes é dado poderem mentir por "inocência" ou por "ignorância". O sacerdote também sabe, como qualquer pessoa, que já não há "Deus", nem "pecado", nem "Salvador" – que o "livre-arbítrio", a "ordem moral universal" são *mentiras*; a seriedade, a profunda vitória espiritual sobre si mesmo não permitem mais a ninguém parecer ignorante sobre esse ponto... Todas as idéias da Igreja estão reconhecidas pelo que realmente são, como as piores falsificações existentes, inventadas para *desprezar* a natureza e os valores naturais; o sacerdote está reconhecido pelo que efetivamente é, a espécie mais daninha de parasita, a verdadeira aranha venenosa da criação... Nós sabemos, a nossa consciência sabe agora, o *que* valem essas sinistras invenções dos sacerdotes e da Igreja, *para que serviram,* como se atingiu este estado de poluição da humanidade por si própria, cujo espetáculo chega a inspirar horror; as noções de "além", de "juízo final", de "imortalidade da alma", da própria "alma", são instrumentos de tortura, sistemas de crueldade de que se serviam os sacerdotes para se converterem em senhores e para manterem o seu poder... Todos sabem isto e, *apesar disso, nada mudou.* Para onde foi pois parar o último sentimento de decência, de dignidade pessoal se até mesmo os nossos homens de Estado, geralmente uma classe de gente não convencional, profundamente anticristã em seus atos, ainda se dizem hoje cristãos e os vemos ir à comunhão?... Um jovem príncipe à frente dos seus regimentos, magnífica expressão do egoísmo e do orgulho do seu povo e, *sem* o menor pudor, declarando-se cristão!...[34]

A quem nega, afinal, o cristianismo? O que chama ele "mundo"? O ser soldado, juiz, patriota; o defender-se a si próprio; o ter a paixão pela sua honra; o procurar vantagens; o ser *orgulhoso...* Qualquer prática comum, qualquer instinto, todas as avaliações convertendo-se em ação, tudo isso é hoje anticristão; e que *monstro de falsidade* deve ser o homem moderno para *não se envergonhar* de lhe chamarem ainda cristão!...

XXXIX

Volto atrás, para relatar a *verdadeira* história do cristianismo. A própria palavra "cristianismo" é já um equívoco – no fundo só existiu um cristão, e esse morreu na cruz. O "Evangelho" *morreu* na cruz. Aquilo a que desde então se chamou "Evangelho" era o contrário do que o Cristo havia vivido: uma "má nova", um *Dysangelium*[35]. É falso até à estupidez o ver numa "fé", neste caso

---

[34] Nietzsche refere-se ao Kaiser Guilherme II, que subira ao trono da Alemanha em 15 de abril de 1888, cinco meses antes da redação de *O Anticristo.*

[35] Nietzsche compõe este vocábulo *angelium* (cuja origem vem do grego e que significa "nova", "notícia") fazendo oposição com os prefixos *dys* (mau, infeliz – "notícia má") e *eu* (bom, feliz – "boa nova", "boa notícia").

a fé na salvação por Cristo, o sinal distintivo do cristão; só a prática cristã, uma vida tal como a viveu aquele que morreu na cruz, é cristã... Nos nossos dias uma vida *semelhante* é ainda possível e para alguns mesmo *necessária*: o cristianismo autêntico, o cristianismo primitivo será possível em todas as épocas... Não uma fé, mas uma ação, um *não fazer* certas coisas e, sobretudo, um modo diferente de *ser*... Os estados de consciência, uma fé qualquer, por exemplo julgar verdadeira uma coisa, tudo isso é (o psicólogo sabe-o bem) completamente indiferente e de quinta ordem se o compararmos ao valor dos instintos; para falar mais rigorosamente, toda a noção de causalidade espiritual é falsa. Reduzir o fato de se ser cristão, a vida cristã, a um fato de crença, a uma simples fenomenalidade de consciência, é o que se pode chamar negar o cristianismo. *De fato não houve nunca cristão absolutamente algum.* O "cristão", o que de há dois mil anos até hoje é chamado cristão, não é outra coisa senão uma ilusão psicológica. Se o encararmos mais de perto, vemos que, *apesar* da "fé", só reinavam nele os instintos – e que *instintos*!

A "fé" para Lutero, por exemplo, foi sempre apenas uma capa, um pretexto, um véu que cobria o jogo dos instintos, uma engenhosa cegueira perante o domínio de *certos* instintos... A "fé" – eu já a denominei como a verdadeira *habilidade cristã*[36] –, falou-se sempre de "fé", mas *procedeu-se* sempre por *instinto*... No mundo mental do cristão nada existe que toque a realidade; nós reconhecemos, pelo contrário, no ódio instintivo *contra* toda a realidade o único elemento de poder nas origens do cristianismo. Que se deduz de tudo isto? Que *in psychologicis* o erro é igualmente radical neste caso, isto é, determinante da essência ou substância. Retire-se daqui uma só idéia, ponha-se no seu lugar uma só realidade – e todo o cristianismo girará no vácuo! Visto de longe, fica este fato, dos mais estranhos: uma religião não só motivada por erros, mas até inventiva e mesmo genial unicamente no domínio dos erros perniciosos que põem em perigo a vida e envenenam o coração. E é este um espetáculo para os deuses – para essas divindades simultaneamente filósofas e que eu tive ocasião de encontrar, por exemplo, nos célebres diálogos de Naxos. No instante em que a náusea delas se afasta (e também a nossa) tornam-se reconhecidas pelo espetáculo

[36] O autor já usara essa expressão no capítulo 23.

que lhes oferece o cristão: o pequeno planeta, miseravelmente pequeno, chamado Terra, merece talvez, só por causa *desta* curiosidade, um interesse divino, um olhar divino... Mas não subestimemos o cristão: como é falso até à *inocência,* ultrapassa em muito o macaco – uma certa teoria das origens[37] parece, quando aplicada aos cristãos, uma simples amabilidade...

XL

A sorte do Evangelho decidiu-se no momento da morte: o seu destino estava suspenso da "cruz"... Era necessária a morte, essa morte inesperada e ignominiosa, essa cruz que geralmente estava reservada à canalha; esse espantoso paradoxo foi o que conduziu por si os discípulos ao verdadeiro mistério: "Quem era este? Que significava isto?" Muito bem se compreende o sentimento consternado e ferido no mais profundo do seu ser, a suspeita de que semelhante morte poderia bem ser a *refutação* da sua causa, o terrível ponto de interrogação "mas por que sucedeu isto assim?". Nele tudo devia ser necessário, devia ter um sentido, uma razão, uma razão superior: o amor de um discípulo não conhece o acaso. Só então se abriu o abismo: "Quem foi que o matou? Quem era o seu inimigo natural?". Esta pergunta surgiu como um relâmpago. Resposta: o judaísmo reinante, a sua classe dirigente. Desde esse momento, sentiram-se em rebeldia contra a ordem, consideraram Jesus como um *sublevado contra a ordem estabelecida.* Até então faltara à sua imagem esse traço guerreiro e negativista; mais ainda, era a sua negação. É evidente que a pequena comunidade não havia compreendido o essencial, o exemplo dado por esta morte, a liberdade, a superioridade sobre toda a idéia de *ressentimento*: isto prova quão pouco o compreendiam! Com a sua morte, Jesus não podia querer outra coisa senão dar publicamente a prova mais firme, a demonstração da sua doutrina... Mas os seus discípulos estavam longe de *perdoar* essa morte – o que teria sido altamente evangélico, ou até *oferecerem-se* a uma morte semelhante numa suave e agradável tranqüilidade da alma... O sentimento menos evangélico, a *vingança,* foi precisamente o que se sobrepôs de novo

[37] Referência à teoria de Charles Darwin sobre as origens do homem.

a tudo. Era impossível aceitar que a sua causa fosse ajuizada por esta morte: havia necessidade de "reparação", de "juízo" (e contudo que pode haver de mais contrário ao Evangelho do que "reparação", "castigo", "montar um processo"?). A esperança popular de um messias voltou a ocupar o primeiro plano; tomou-se em consideração um momento histórico: o "reino de Deus" desce sobre a Terra para julgar os seus inimigos... Mas aí está a própria causa do erro: o "reino de Deus" considerado como ato final, como promessa! Ora, o Evangelho havia sido precisamente a existência, o cumprimento, a *realidade* desse "reino". A morte de Cristo foi esse "reino de Deus". Então passou-se ao tipo do mestre todo esse desprezo e essa acrimônia contra os fariseus e teólogos – e com isto se fez dele um fariseu e um teólogo! Por outro lado, a veneração furiosa daquelas almas extraviadas não suportou mais o direito de todos os homens à filiação divina que Jesus havia ensinado; a sua vingança consistia em *elevar* Jesus exageradamente, em separá-lo deles, como noutro tempo os judeus, por ódio aos seus inimigos, se haviam separado do seu Deus para o elevar às alturas. Este Deus *único,* e este filho *único* de Deus, ambos são produtos do *ressentimento.*

XLI

E desde esse momento apareceu um problema absurdo: "Como *podia* Deus tolerar tal fato?" A perturbada razão da pequena comunidade encontrou para esta questão uma resposta de um absurdo verdadeiramente assustador: Deus deu o seu filho em *sacrifício* para remissão dos pecados. Ah! como terminou tão facilmente o Evangelho! O *sacrifício expiatório*, e na sua forma mais repugnante, mais bárbara, o sacrifício dos *inocentes* pelas faltas dos pecadores! Que espantoso paganismo! E no entanto Jesus tinha suprimido até a idéia do pecado – havia negado o abismo entre Deus e o homem, *viveu* essa unidade entre Deus e o homem, que era a *sua* "boa nova"!... E isto não era para ele um privilégio! Desde então introduz-se pouco a pouco no tipo do Salvador a doutrina do juízo final e da última vinda, a doutrina da morte como sacrifício, a doutrina da *ressurreição* com a qual toda a idéia de salvação, simples e única realidade do Evangelho, se vê escamoteada em favor de um estado depois da morte!... Paulo tornou lógica essa concepção – concepção *obscena!* – com aquela insolência rabínica que o caracteriza em tudo, sistematizou-a até este ponto: "*Se* Cristo não ressuscitou de entre os mortos então é vã a nossa fé" – e subitamente converteu-se o Evangelho na promessa irrealizável mais digna de desprezo, a doutrina *insolente* da imortalidade pessoal... E o mesmo Paulo teve ainda o descaro de a apresentar como uma *recompensa!...*

XLII

Vê-se agora o que terminava pela morte na cruz: um novo esforço completamente original para um movimento de pacifismo budístico, para a *felicidade sobre a Terra, não* apenas prometida mas realizada. Porque é aí que reside – já atrás o sublinhei – a diferença fundamental entre as duas religiões da decadência: o budismo não promete, mas assegura; o cristianismo promete tudo, *mas não cumpre nada.* À "boa nova" sucedeu-se imediatamente *a pior de todas,* a de Paulo. Nele se encarna o tipo oposto ao do "alegre mensageiro", o gênio do ódio, na visão do ódio, na implacável lógica do ódio. *Quantas coisas* sacrificou ao ódio, esse "dysangelista"![38] Antes de tudo, o Salvador: cravou-o na *sua cruz.* A vida, o exemplo, o ensinamento, a morte, o sentido e o direito de todo o Evangelho – já nada existia quando esse falsário no seu ódio apoderou-se do que lhe podia ser útil. *Não* a realidade, não a verdade histórica!... E mais uma vez, o instinto sacerdotal do judeu cometeu o mesmo crime contra a história – suprimiu pura e simplesmente o ontem e o anteontem do cristianismo, criou para seu uso uma história do cristianismo primitivo. Mais ainda: Paulo falsificou de novo a história de Israel, para a apresentar como a pré-história dos seus atos: todos os profetas anunciaram o seu "Salvador"... A igreja por sua vez falseou mais tarde até a história da humanidade, para a tornar a pré-história do cristianismo... O tipo do Salvador, a doutrina, a prática, a morte, o sentido da morte e até o que a ela se seguiu, nada permaneceu intacto, nada conservou um aspecto que fosse parecido com a realidade. Paulo deslocou simplesmente o centro de gravidade de toda a existência, para o

---

[38] Nietzsche volta a formar uma nova palavra usando o mesmo prefixo grego *dys*, como já explicado na nota 35.

colocar por *detrás* dessa existência – na *mentira* do Cristo "ressuscitado". No fundo não podia servir-se em absoluto da vida do Salvador – tinha necessidade da *morte* na cruz e ainda de outra coisa mais... Crer na sinceridade de um Paulo que tinha a sua pátria no centro principal do racionalismo estóico, quando, com uma alucinação, se preparava para compor a *prova* da sobrevivência do Salvador, ou até acreditar no relato e em que foi *ele* quem teve aquela alucinação, seria uma verdadeira *niaiserie*[39] da parte de um psicólogo. Paulo queria o fim, logo queria também os meios... Aquilo em que ele mesmo não acreditava, acreditaram-no os idiotas para o meio dos quais lançava a sua doutrina. A sua necessidade era o *poder*, com Paulo o sacerdote quis ainda outra vez o poder – e não podia servir-se senão de idéias, de doutrinas, de símbolos, que tiranizam as multidões, que formam rebanhos. O *que* é que Maomé pediu mais tarde de empréstimo ao cristianismo? A invenção de Paulo, a sua técnica de tirania sacerdotal para arrebanhamento: a fé na imortalidade, *ou seja, a doutrina do "juízo final"*.

XLIII

Quando se coloca o centro de gravidade da vida *não na* vida, mas no "além" – *no nada* –, tira-se à vida o seu centro de gravidade. A grande mentira da imortalidade pessoal destrói toda a razão, toda a natureza do instinto – tudo o que há nos instintos, de benéfico, de vivificante, tudo o que promete o futuro, suscita agora a desconfiança. Viver de tal maneira que já não se tenha *razão* de viver, isto converte-se agora na razão da vida... Para que serve o espírito público, para que o reconhecimento pelas origens e pelos antepassados, para que colaborar, ter confiança, ocupar-se do bem geral e animá-lo?... Outras tantas "tentações", outros tantos desvios do "bom caminho" – *uma* só coisa é necessária...

Que cada um, sendo alma "imortal", ocupe lugar igual a cada qual, que no conjunto dos seres a "salvação de *qualquer um*" possa reivindicar uma importância eterna, que os santarrõezinhos desequilibrados tenham o direito de imaginar que, em favor deles, as leis da natureza são constantemente *transgredidas* – uma gradação tal

[39] Parvoíce, tolice.

de todos os egoísmos até ao infinito, até ao *impertinente,* não pode ser estigmatizada com desprezo bastante. E, contudo, o cristianismo deve a sua *vitória* a *essa* lastimável bajulação da vaidade pessoal – por esse meio atraiu tudo quanto estava falido, instintos sediciosos, mal equilibrados, aqueles sucumbidos pelo mal e a escória da humanidade. A "salvação da alma", ou, por outras palavras, "o mundo gravita em *meu* redor"... O veneno da doutrina dos "direitos *iguais* para todos" – esse veneno semeou-o o cristianismo por sistema; o cristianismo fez uma guerra de morte a partir dos mais ocultos recantos dos maus instintos contra todo o sentimento de respeito e de distância entre um homem e outro homem, contra o *pressuposto* de toda a evolução, de todo o crescimento da cultura – do *ressentimento* das multidões forjou a sua *arma principal* contra *nós,* contra tudo o que há de nobre, de alegre, de magnânimo sobre a Terra, contra a nossa felicidade sobre a Terra... Conceder a "imortalidade" a qualquer Pedro ou Paulo foi até ao presente o atentado maior e mais pérfido cometido contra a humanidade *nobre.* E não subestimemos a fatalidade que do cristianismo deslizou para a política. Ninguém na atualidade conserva a audácia dos privilégios, dos direitos de dominação, do sentimento de respeito por si próprio e pelos seus pares da coragem de um *pathos da distância...* A nossa política é repulsiva por sua falta de coragem! O sentimento aristocrático foi o mais reconditamente minado pela mentira da igualdade das almas, e, se a fé nos "direitos da maioria" promove e promoverá revoluções, é o cristianismo, não o duvidemos, são as apreciações cristãs que transformam toda a revolução em sangue e em crime! O cristianismo é uma insurreição de tudo o que rasteja contra tudo quanto está elevado: o Evangelho dos "pequenos" *torna-se* ainda menor...

XLIV

Os Evangelhos são documentos inestimáveis como testemunho da corrupção que já grassava luxuriante no interior das primeiras comunidades cristãs. O que mais tarde Paulo levou a cabo com o cinismo lógico do rabino não era, contudo, senão um fenômeno de decomposição, que começou com a morte do Salvador. Nunca será demasiado toda a prudência que se tenha ao ler os Evangelhos; cada palavra apresenta a sua dificuldade. Confesso, e creio que ninguém me levará a mal, que, por isto mesmo, são para o psicólogo um prazer de primeira ordem como exemplo do *oposto* de toda a perversidade ingênua, o refinamento por excelência, o virtuosismo na corrupção psicológica. Os Evangelhos devem colocar-se à parte. A Bíblia, em geral, não suporta comparações. Estamos entre judeus: *primeiro* ponto de apoio para não perdermos inteiramente o fio. Essa transposição de si para "sagrado", elevada aqui ao genial, nunca antes alcançada noutra parte, nem entre os livros nem entre os homens, essa falsidade de palavras e de gestos convertida em arte, não são resultantes do acaso de um dom individual, de qualquer natureza excepcional. Aqui é necessária a raça. No cristianismo, a arte de mentir santamente é o judaísmo, uma aprendizagem, uma técnica judaica de muitos séculos, e das mais sérias, que alcança aqui a sua mais alta perfeição. O cristão, essa *ultima ratio* da mentira, é o judeu, ainda judeu, triplicemente judeu... A vontade de não ter de empregar por princípio senão idéias, símbolos, atitudes provadas pela prática sacerdotal, a abstenção instintiva de qualquer *outra* prática, de qualquer *outra* perspectiva de valor e de utilidade, eis o que não é unicamente tradição, mas *herança,* e só por esta herança é que opera como natureza. Toda a humanidade, até os melhores cérebros das melhores épocas (com exceção de um único, que talvez não fosse senão um monstro), deixou-se enganar. Leu-se o Evangelho como o *livro da inocência*... o que não será pequeno índice do virtuosismo com que a comédia foi representada. Contudo, se nós pudéssemos *assistir,* ainda que fosse de passagem, a todas as cenas em que figuraram esses beatos e apóstolos artificiais, tudo teria acabado para eles – e é precisamente porque não leio uma palavra sem ver logo o gesto que lhe pertence *que acabo com eles*... Têm uma maneira de levantar os olhos que eu não consigo suportar. Afortunadamente, para a maior parte das pessoas, os livros não passam de *literatura*. É impossível, porém, nos deixar iludir. "Não julgueis!", dizem eles, mas mandam para o inferno tudo o que encontram no seu caminho. Enquanto deixam Deus julgar, são eles próprios que julgam; quando glorificam Deus, é a si próprios que se glorificam; *exigindo* as virtudes de que são capazes – ou melhor, de que têm necessidade para se manter –, enfeitam-se com o grande aparato de uma luta pela virtude, com a aparência de um combate pelo reino da virtude. "Nós vivemos, morremos, sacrificamo-nos pelo *bem*" (a "verdade", a "luz", o "reino de Deus"): na realidade apenas fazem o que não podem deixar de fazer. Fazendo-se humildes, como velhacos hipócritas nos seus cantos, vegetando na sombra como fantasmas, cumprem um *dever*: a sua vida de humildade aparece como um *dever* porque é humilde, é uma prova mais de devoção. Ah! essa humilde, pudica e misericordiosa hipocrisia! "A própria virtude dará testemunho de nós"... Leiam-se os Evangelhos como livros de sedução pela *moral*: essa gentinha requisitou a moral – sabiam perfeitamente o que a moral representa! O melhor meio para *conduz*ir a humanidade pelo *cabresto* – eis a moral! Na realidade, a pretensão consciente a *eleito* arma-se em modéstia: assim é que se colocaram a si próprios e à "comunidade", aos "bons" e "justos" para sempre de um lado, do lado da "verdade", e o resto, o "mundo", colocaram-no do outro lado. Eis a mais perigosa mania de grandezas que existiu sobre a Terra: medíocres rústicos, abortos de santarrões e de mentirosos, começaram a monopolizar as idéias de "Deus", "verdade", "luz", "espírito", "amor", "sabedoria", "vida", como se essas idéias fossem de certo modo o sinônimo das suas próprias pessoas; para estabelecerem um limite entre ele e o "mundo", raquíticos judeus em grau superlativo, maduros para toda a espécie de manicômios, valorizaram as coisas conforme o *seu* critério, como se apenas o cristão fosse o sentido, o sal, a medida, enfim, o *juízo final* de tudo o mais... A existência desta calamidade só foi possível por haver uma espécie de loucura semelhante das grandezas, da mesma raça que ela, a loucura judaica; desde que se abriu o abismo entre judeus e judeus-cristãos, já não existe possibilidade de escolha para estes últimos; viram-se obrigados a empregar, contra os próprios judeus, os mesmos processos de conservação que o instinto judaico lhes aconselhava, ainda que os judeus os não tivessem empregado até então senão contra os gentios. O cristão não passa de um judeu de confissão "mais liberal".

XLV

Apresento agora alguns exemplos do que esta gente imaginou, do que *puseram na* boca do seu mestre: apenas um perfeito credo de "beleza de alma".

"E quando alguns não vos receberem nem vos escutarem, saindo dali sacudi o pó dos vossos pés, em testemunho contra eles. Em verdade vos digo que no dia do Juízo, Sodoma e Gomorra serão tratadas com menos rigor do que essa cidade" (Marcos, VI, 11). Que *evangélico* que isto é!...

"E todo aquele que escandalizar um destes pequenos que crêem em mim, melhor lhe fora que lhe atassem ao pescoço uma pedra de moinho, e que o lançassem ao mar" (Marcos, IX, 42). Que *evangélico* que isto é!...

"E se o teu olho te escandaliza, lança-o fora; pois melhor te será entrares no reino de Deus sem um olho, do que, tendo os dois, seres lançado no fogo do inferno, onde o bicho que os rói nunca morre, e onde o fogo nunca se apaga!" (Marcos, IX, 46 e 47). Não é precisamente do olho que se trata...

"Em verdade vos digo que alguns dos que estão aqui não morrerão sem terem visto o reino de Deus vir com poder!" (Marcos, IX, 1). Que bem que ele *mente,* o leão...

"Se alguém me quer seguir, negue-se a si mesmo, tome a sua cruz e siga-me. *Porque...*" (*observação de um psicólogo*: a moral cristã encontra-se refutada pelos seus *porquês:* as suas "razões" refutam, eis o que é cristão). (Marcos, VIII, 34.)

"Não queiras julgar, *para que* não sejais julgados... com a medida com que medirdes vos medirão também a vós" (Mateus, VII, 1 e 2). Que conceito de justiça de um juiz "íntegro".

"Porque se vós não amais os que vos amam, que *recompensa haveis de ter*? Não fazem os publicanos também o mesmo? E se vós saudardes somente aos vossos irmãos, *que fazeis nisso de especial*? Não fazem também assim os gentios?" (Mateus, V, 46, 47). Princípio de amor "cristão": quer no fim de contas ser *bem pago...*

"Mas se não perdoardes aos homens, tão pouco vosso Pai vos perdoará os vossos pecados" (Mateus, VI, 15). Altamente comprometedor para o "pai" em questão.

"Buscai, pois, primeiramente, o reino de Deus e a sua justiça; e todas estas coisas vos serão acrescentadas" (Mateus, VI, 33). Todas estas coisas: isto é, alimentos, vestuário, todas as necessidades da vida. Um *erro,* para nos expressarmos discretamente... Pouco antes, Deus aparece como alfaiate, pelo menos em algumas circunstâncias...

"Folgai naquele dia e exultai; porque, olhai, grande é o vosso galardão no Céu; porque desta maneira faziam seus pais aos falsos profetas!" (Lucas, V, 23). Canalha *indecente*! Compara-se já aos profetas...

"Não sabeis vós que sois templo de Deus e que o Espírito de

Deus habita em vós? Se alguém, pois, violar o templo de Deus, *Deus o destruirá* porque o templo de Deus, *que sois vós,* é sagrado" (Paulo, 1ª aos Coríntios, III, 16, 17). Para tais idéias não há desprezo que chegue...

"Porventura não sabeis que os santos hão de um dia julgar este mundo? E se o mundo há de ser julgado por vós, sois vós, porventura, indignos de julgar as coisas mínimas?" (Paulo, 1ª aos Coríntios, VI, 2). Desgraçadamente não é esta apenas a palavra de um louco asilado... este *espantoso impostor* prossegue palavra por palavra: "Não sabeis que havemos de julgar os anjos? Quanto mais então as coisas desta vida?...".

"Porventura não tem Deus convencido de loucura a sabedoria deste mundo? Porque, como na sabedoria de Deus, não conheceu o mundo a Deus pela sua própria sabedoria, quis Deus salvar os que cressem nele, pela loucura da pregação... Vede, pois, irmãos, a vossa vocação, porque chamados não foram muitos sábios, segundo a carne, nem muito poderosos, nem muito nobres; mas as coisas loucas que há do mundo, escolheu Deus para confundir os sábios; e as coisas fracas do mundo, escolheu Deus para confundir os fortes. E as coisas vis e desprezíveis do mundo, escolheu Deus, e aquelas que o mundo despreza, aquelas que nada são, para destruir as que são; para que nenhum homem se glorie na presença dele" (Paulo, 1.ª aos Coríntios, I, 20 até 29). Para *compreender* esta passagem, um testemunho de primeira ordem para a psicologia de toda a moral de *tchandala*, leia-se a primeira parte da minha *Genealogia da moral*: pela primeira vez pus a claro o contraste entre uma moral *nobre* e uma moral de *tchandala*, nascida de *ressentimento* e de vingança impotente, Paulo era o maior dos apóstolos da vingança.

XLVI

Que se deduz de tudo isto? Que, para ler o Novo Testamento, é conveniente calçar luvas. Diante de tanta sujeira, tal atitude é necessária. Tanto evitaríamos os "primeiros cristãos" como os judeus poloneses; não é que haja necessidade de censurar-lhes a menor das coisas... Ambos cheiram mal. Em vão procurei no Evangelho uma só manifestação simpática; não se encontra nele nada que seja livre, bom, franco, leal. A humanidade não fez ainda nele o seu começo; nele faltam os instintos de limpeza... No Novo

Testamento, não existem senão maus instintos, e não há coragem, não há sequer a coragem desses maus instintos. Tudo nele é covardia, olhos fechados, engano voluntário. Qualquer livro parece limpo depois de se ler o Novo Testamento; para dar um exemplo, li com arrebatamento, imediatamente depois de São Paulo, esse encantador e insolente, jocoso Petrônio; Petrônio, de quem se poderia dizer o que Bocaccio escrevia de César Bórgia ao duque de Parma: *É tutto festo*, imortalmente saudável, imortalmente alegre e acertado... Mas estes pobres santarrões erram no essencial. Atacam, mas tudo o que por eles é atacado torna-se *nobre*. Um "primeiro cristão" *não* mancha a quem ataca... pelo contrário, é uma honra ter por adversário os "primeiros cristãos". Não se pode ler o Novo Testamento sem notar uma preferência por tudo quanto nele é maltratado; sem falar da "sabedoria deste mundo" que um insolente agitador tenta inutilmente com "vãos discursos" reduzir a nada... Mas os próprios escribas e fariseus vão ganhando em ter semelhantes inimigos; deviam ter valido alguma coisa só pelo fato de serem aborrecidos de um modo tão incivil. Hipocrisia: isso seria uma censura que os primeiros cristãos *ousassem* fazer. Afinal de contas, eles eram os privilegiados; isto basta. O ódio de *tchandala* não tem necessidade de outras razões. O "primeiro cristão", assim como, conforme receio, o "último cristão", *hei de viver talvez o tempo suficiente para o ver ainda,* revolve-se nos seus baixos instintos contra tudo o que é privilégio; vive, combate sempre pelos direitos iguais... Considerando-o mais detidamente, não tem escolha. Quando alguém quer ser "eleito de Deus" – ou "templo de Deus" ou "juiz dos anjos", qualquer outro princípio de eleição, por exemplo, segundo a retidão, segundo o espírito, a virilidade e o orgulho, segundo a bondade e a liberdade do coração –, converte-se simplesmente em "mundano": *mau por si mesmo*... Moral da história: cada palavra na boca de um "primeiro cristão" é uma mentira, cada um dos seus atos uma falsidade instintiva; todos os seus valores, todos os seus fins são vergonhosos, mas *tudo* o que ele odeia, todos *aqueles* a quem aborrece, *ganham em valor*... O cristão, especialmente o sacerdote cristão, é um *critério de valores*. É necessário ainda dizer que, no Novo Testamento, não aparece senão *uma só* figura à qual seja preciso honrar? Pilatos, o governador romano, não podia decidir-se a tomar a sério uma questão de judeus; um judeu a mais ou a menos, que importa? A nobre ironia de um romano ante o qual se fez um imprudente abuso da palavra "verdade" enriqueceu o

Novo Testamento com a única palavra que *tenha valor*, que é a sua crítica, o seu próprio *aniquilamento*: "Que é a verdade?[40]

XLVII

O que nos separa não é o não encontrarmos Deus, nem na história, nem na natureza, nem por detrás da natureza; é, pelo contrário, o não experimentarmos o sentimento do divino respeito ao que é honrado como Deus, o descobrirmos como isso é lamentável, absurdo, nocivo, o ver nisso não só um erro, senão *um atentado à vida*... Negamos a Deus enquanto que Deus ... Se nos *demonstrassem* esse Deus dos cristãos, ainda acreditaríamos menos nele. Na fórmula: *Deus, qualem Paulus creavit, Dei negatio*[41]. Uma religião como o cristianismo, que não toca a realidade em ponto algum, que se desvanece no instante em que a realidade entra por um ponto qualquer na esfera dos seus direitos, tal religião será, com direito, o inimigo mortal da "sabedoria do mundo", quero dizer da "ciência"; ela há de aprovar todos os meios para envenenar, caluniar, desprestigiar a disciplina do espírito, a pureza e severidade nos negócios de consciência do espírito, a nobre frieza, a nobre liberdade do espírito. A fé, enquanto imperativa, e o veto contra a ciência; *in praxi*[42], a mentira a todo o custo... Paulo *compreendeu* que a mentira – que a fé – era necessária; e a Igreja mais tarde compreendeu Paulo. Esse Deus que Paulo inventou, um Deus que "reduz a nada" a "sabedoria do mundo" (num sentido mais estrito, os dois maiores adversários de toda a superstição, a filologia e a medicina), não é uma realidade, senão uma *decisão* atrevida de Paulo em chamar "Deus" à sua própria vontade, *thora*[43], isto é, o que é essencialmente judaico. Paulo chegou a reduzir a nada a sabedoria do mundo; os seus inimigos são os *bons* filólogos e médicos da escola alexandrina; a eles faz a guerra. Efetivamente não se pode ser filólogo e médico sem ser ao mesmo tempo *anticristo*. E que como filólogo se olha *através* dos "Santos livros", como médico *através* da decrepitude

---

40 A mesma observação está contida no capítulo VIII.

41 "O Deus, tal como Paulo o criou, é a negação de Deus."

42 Na prática.

43 Lei.

fisiológica do cristão típico. O médico diz: "incurável"; o filólogo: "charlatanismo"...

XLVIII

Já se compreendeu bem a célebre história que se encontra no princípio da Bíblia, a história do pânico de Deus perante a *ciência*? Não se compreendeu. Esse livro, clerical por excelência, começa, como convém, com a grande dificuldade interior do sacerdote: para ele existe apenas um só grande perigo; logo, por conseqüência, para "Deus" não há senão um grande perigo.

O Deus antigo, inteiramente "espírito", inteiramente grande sacerdote, perfeição acabada, passeia no seu jardim; contudo aborrece-se. Os próprios deuses lutam em vão contra o tédio. E que faz ele? Inventa o homem – o homem é divertido. O homem, no entanto, também se aborrece. A piedade de Deus, para a única pena que é a propriedade de todos os paraísos, não conheceu limites: então criou ainda outros animais. *Primeiro* equívoco de Deus: o homem também não soube divertir-se com os animais, reinou sobre eles, nem mesmo quis ser "animal". Deus, pois, criou a mulher. E, efetivamente, cessou o aborrecimento, mas também muitas outras coisas! A mulher foi o *segundo* equívoco de Deus. A mulher é, por essência, uma serpente, "Heva", isto todo o sacerdote sabe. "Pela mulher vem todo o mal ao mundo", isto igualmente todo o sacerdote sabe. "Logo, a ciência também vem dela?"...

A mulher fez o homem comer o fruto da árvore da ciência, e que sucedeu? O Deus antigo foi presa do pânico. O próprio homem veio a ser o seu *maior* equívoco; havia criado um rival; a ciência torna o homem igual a *Deus* – pobre dos sacerdotes e deuses se o homem chega a ser científico! Moral: a ciência é a coisa proibida em si, só ela é proibida. A ciência é o primeiro pecado, o germe de todo o pecado, o pecado original. *A moral é só isto*: "Tu não conhecerás nada", o resto deduz-se disto. O pânico de Deus não o impede de ser astuto. Como defender-se contra a ciência? Foi este por longo tempo o seu grande problema. Resposta: saía o homem do paraíso! A felicidade, a ociosidade evocam os pensamentos, todos os pensamentos são maus pensamentos... O homem não deve pensar. E o "sacerdote" em si inventa a pena, a morte, o perigo mortal do embaraço, toda a espécie de misérias, a velhice, a inquietação, antes de tudo, a doença; nada mais senão meios de luta contra a ciência! A miséria não *permite* que o homem pense... E, apesar de tudo, o espanto! A obra do conhecimento eleva-se gigantesca, escalando o céu, dando o toque do crepúsculo dos deuses. Que fazer? O antigo Deus inventa a *guerra,* separa os povos, faz com que os homens se aniquilem reciprocamente (os sacerdotes tiveram sempre necessidade da guerra...). A guerra é, entre outras coisas, um desmancha-prazeres da ciência. Incrível! O conhecimento, a *emancipação do jugo sacerdotal* aumentam apesar das guerras. E o Deus antigo adota como derradeira decisão: "O homem tornou-se cientifico, *é uma coisa que não serve para nada, precisa ser afogado!...*".

XLIX

O leitor deve ter me compreendido. O início da Bíblia contém *toda* a psicologia do sacerdote. O sacerdote não conhece senão um grande perigo: a ciência, a noção sadia de causa e de efeito. Mas a ciência não próspera em geral senão ao calor de boas condições; é necessário dispor de tempo, é preciso ter espírito *em excesso* para se progredir no conhecimento... "Portanto, é preciso tornar o homem infeliz" – esta foi em todo o tempo a lógica do sacerdote. Adivinha-se o que, em conformidade com esta lógica, penetrou no mundo: o "pecado"... a idéia de culpabilidade e de castigo, toda "a ordem moral" foram inventados *contra* a ciência, *contra* a salvação do homem pelas mãos do sacerdote... O homem não deve olhar para o exterior, deve olhar para si mesmo; não deve ver as coisas com razão e prudência, como aprendiz, não deve ver absolutamente nada: deve *sofrer...* E *deve* sofrer de modo que tenha sempre necessidade do sacerdote. – Abaixo os médicos! *Um salvador é o que é preciso.* – A idéia de falta e de castigo, compreendia nela a doutrina da "graça", da "salvação", do "perdão" – mentiras sem alguma realidade psicológica –, foi inventada para destruir no homem o *sentido das causas*: são o atentado contra a idéia de causa e efeito. E isto não é um atentado com o soco, com a faca, com a franqueza no ódio e no amor! Não, senão que procedem dos instintos mais covardes, mais astutos e mais baixos, vis. *Atentados* de sacerdotes! Atentados de *parasitas!* O vampirismo de sanguessugas pálidas e subterrâneas!... Se as conseqüências naturais de um ato não são mais naturais, senão que se imaginaram provocadas por fantasmas da superstição, por "Deus", "espíritos", "almas", como conseqüências puramente "mortais" como recompensa, pena, advertência, meio de educação, é que a condição primária do conhecimento está destruída, *é que se cometeu o maior crime contra a humanidade.* O pecado, digamo-lo uma vez mais, essa forma de poluição da humanidade por excelência, foi inventado para tornar impossível a ciência, a cultura, toda a elevação e toda a nobreza do homem; o sacerdote *reina* pela invenção do pecado.

L

Não posso dispensar-me aqui de uma psicologia da "fé" e dos "crentes" em proveito dos mesmos "crentes". Se hoje ainda há alguns que ignoram até que ponto é indecoroso ser "crente" – ou antes, que sintoma de decadência tamanha, de vontade quebrantada de vida –, amanhã o saberão. A minha voz alcança até os que ouvem mal. Parece existir entre cristãos, se bem compreendo, uma espécie de critério de verdade que se chama "prova de força". "A fé salva": logo, é "verdadeira". A salvação que há de vir não está demonstrada, mas unicamente *prometida*: a salvação está ligada à condição da "fé", *deve-se* ser salvo, pois que se crê... Mas como se demonstraria o que o sacerdote promete ao crente, esse "mais além", que escapa a toda a comprovação? A pretendida "prova de força" não passa, no fundo, de uma crença na realização do que a fé promete. Eis a fórmula: creio que a fé salva, logo, é "verdadeira". Mas isto conduz-nos já ao fim. Esse "logo" seria o absurdo mesmo transformado em critério de verdade. Admitamos, contudo, com um pouco de deferência, que a salvação que há de vir está demonstrada pela fé (e *não* apenas desejada, *não* simplesmente prometida pela boca suspeita de um sacerdote). A salvação – para falar da maneira mais técnica, o *prazer* – seria uma prova de verdade? Sê-lo-ia tão pouco que quase produz uma antítese e em todo o caso a maior suspeita com respeito à "verdade", quando as sensações de prazer se põem a responder à pergunta "o que é verdadeiro"? A prova do "prazer" é uma prova de "prazer", nada mais; como se poderia saber que *os juízos verdadeiros* causam maior prazer que os juízos falsos e que, conforme uma harmonia preestabelecida, arrastariam necessariamente após si sensações de prazer? A experiência de todos os espíritos sérios e profundos ensina o *contrário*. Foi preciso conquistar à viva força cada parte mínima de verdade; foi necessário sacrificar quase tudo aquilo que tínhamos sobre o coração, tudo aquilo em que cifrávamos o nosso amor e a nossa confiança na vida. É preciso ter grandeza de alma para isto: o serviço da verdade é o serviço mais duro. O que é, pois, que se chama ser leal nas coisas do espírito? Ser severo para o coração, desprezar os "bons sentimentos"; fazer caso de consciência de cada *sim* e de cada *não*... A fé salva: *logo, ela mente*...

LI

Que a fé salva em algumas circunstâncias, que a bem-aventurança não faz ainda uma idéia *verdadeira* de uma idéia fixa, que a fé não transporta montanhas, senão que as coloca muitas vezes onde elas não existiam, de tudo isso dará uma prova suficiente, uma visita rápida a um *hospício*. Contudo, não a um sacerdote; porque este nega por instinto que a doença seja doença, que a casa de doidos seja casa de doidos. O cristianismo tem *necessidade* da doença, mais ou menos como o grego tinha necessidade de um excesso de saúde; pôr alguém doente é o verdadeiro pensamento oculto de todo o sistema redentor da Igreja. E a própria Igreja não é a casa de doidos católicos como último ideal? Toda a Terra, uma casa de doidos? O homem religioso, tal como o quer a Igreja, é um típico decadente; a época em que uma crise religiosa se apodera de um povo é sempre marcada por uma epidemia de doenças nervosas; o "mundo inteiro" de um homem religioso parece-se até ao ponto de se poder confundir, como o "mundo interior" de um homem sobreexcitado e rendido; os estados "superiores" que o cristianismo colocou acima da humanidade, como valor de todos os valores, são formas epileptóides – a Igreja não canonizou senão desequilibrados ou grandes facínoras (*in maiorem Dei honorem*[44]... Permiti-me um dia considerar todo o *training* da bem-aventurança e da salvação cristã (que hoje em dia se estuda na Inglaterra melhor que em qualquer outra parte), como uma *folie circulaire*, produzida metodicamente, sobre um terreno já profundamente insalubre, preparado

[44] Para maior honra de Deus.

de antemão. Ninguém tem a livre escolha de se fazer cristão; uma pessoa não se converte ao cristianismo, é necessário estar suficientemente enfermo para isso... Nós, os que temos *o valor* da saúde e também do desprezo, quanto direito temos a desprezar uma religião que ensinou a incompreensão do corpo; que não quer desfazer-se da superstição da alma! Que da insuficiência do alimento faz "um mérito"! Que combate na saúde uma espécie de inimigo, de demônio, de tentação! Que se havia persuadido de que é possível trazer uma "alma perfeita" num corpo cadavérico, e que teve ainda necessidade de criar uma idéia nova da "perfeição", um ser pálido, enfermiço, fanático até ao idiotismo, a chamada "santidade", a santidade que não é ela própria senão a série de sintomas de um corpo empobrecido, enervado, corrompido incuravelmente... O movimento cristão, enquanto movimento europeu, está criado desde o princípio pela acumulação de refugo e desperdício de elementos de toda a espécie (estes são os que procuram subir ao poder com o cristianismo). *Não* exprime a degeneração de uma raça, senão que é uma conglomeração e um agregado das formas de decadência provenientes de todas as partes, acumuladas e que se procuram reciprocamente. *Não* é, como se crê, a corrupção da própria antigüidade, da antigüidade *nobre,* o que tornou possível o cristianismo. Não se pode combater violentamente o idiotismo erudito que ainda hoje sustém uma afirmação semelhante. Na época em que as camadas *tchandala*, enfermas e pervertidas, se cristianizaram em todo o Império Romano, o tipo *contrário,* a distinção, existia precisamente na sua forma mais bela e mais amadurecida. A maioria fez-se nobreza; a democracia dos instintos cristãos *triunfou*... O cristianismo não era "nacional", não estava sujeito às condições de uma raça, dirigia-se a todas as variedades entre os deserdados da vida, tinha em toda a parte os seus aliados. O cristianismo dirigiu o rancor dos doentes *contra* os saudáveis, *contra* a saúde. Tudo o que é bem-formado, orgulhoso, soberbo, a beleza, antes de tudo, incomoda-lhe os ouvidos e os olhos. Recordo outra vez as inapreciáveis palavras de Paulo: "Deus escolheu o que há de *fraco* no mundo, o que é louco perante o mundo, o que é *ignóbil e desprezível*": isto é o que serviu de fórmula, *in hoc signo*[45] venceu a decadência. *Deus crucificado,* não se compreende ainda o terrível pensamento dissimulado que há por

[45] Com este sinal.

detrás deste símbolo? Tudo o que sofre, tudo o que está suspenso na cruz é *divino*. *Nós* todos estamos suspensos na cruz, logo *somos* divinos... Só nós somos divinos!... O cristianismo foi uma vitória; uma opinião mais *distinta* pereceu por ele; o cristianismo foi até ao presente a maior desgraça da humanidade.

LII

O cristianismo acha-se também em contradição com toda a boa constituição *intelectual*: *só* pode servir-se da razão enferma como razão cristã, interessa-se por tudo aquilo que carece de inteligência e pronuncia o anátema, contra o espírito, contra a *soberba* do espírito são. Visto que a doença forma parte da essência do cristianismo, é também preciso que o estado típico cristão, "a fé", seja uma forma doentia; é *preciso* que todos os caminhos direitos, legítimos, científicos, que conduzem ao conhecimento, sejam repelidos pela Igreja, como caminhos *proibidos*.

A dúvida já é um "pecado"... A carência completa de limpeza psicológica no sacerdote – que se revela no olhar – é uma conseqüência da decadência; observem-se as mulheres histéricas por um lado e por outro as crianças raquíticas, e ver-se-á regularmente que a falsidade por instinto, o prazer de mentir por mentir, a incapacidade de olhar e de caminhar direito, são sintomas de decadência. A (fé) é querer *ignorar* aquilo que é verdade. O doente, o devoto de ambos os sexos, é falso *porque* está enfermo; o seu instinto exige que a verdade não consiga por nenhuma parte os seus direitos. "Aquilo que torna doente é bom; o que provém da plenitude, da superabundância, do poder, é *mau*"; assim pensa um crente. Eu reconheço os teólogos predestinados na sua escravidão *da mentira*. Outro sinal distintivo dos teólogos é a sua *incapacidade filológica*. Eu entendo aqui por filologia, em sentido geral, a arte de ler bem, de saber distinguir os fatos, sem os falsear com interpretações, sem perder, no desejo de compreender, a precaução, a paciência e a delicadeza; a filologia como ceticismo na interpretação: trata-se de livros ou de notícias de jornais, de destinos ou de fatos meteorológicos, para não falar da "salvação da alma"... A maneira como um teólogo, seja em Berlim ou em Roma, explica "uma palavra da Bíblia", ou então um sucesso qualquer, por exemplo a vitória do exército nacional, sob a excelsa luz dos salmos de Davi, é sempre *ousada*, de tal modo que faz surpreender os filólogos. E o que acontecerá quando os devotos e outras vacas da Suábia fizerem da sua miserável existência quotidiana e sedentária uma manifestação do "dedo de Deus", um milagre da "graça", da "providência", da "misericórdia divina"? O menor esforço de espírito, para não dizer de *decência,* deveria convencer estes intérpretes da puerilidade e indignidade de tal abuso da destreza divina. Tendo unicamente uma pequeníssima dose de devoção, deveria suprimir-se, ainda que existisse, um Deus tão absurdo, que cura no mesmo instante um constipado, ou que nos faz entrar num trem no momento em que começa a chover a cântaros. Esse Deus, que serve de criado, de carteiro, etc., no fundo não é mais do que a expressão do mais estúpido de todos os acasos... A "Providência divina", como ainda hoje a admite a terça parte dos cidadãos da "Alemanha culta", seria um argumento tal contra Deus, que se não poderia imaginar outro mais poderoso. E em todo o caso é um argumento contra os alemães.

LIII

É tão pouco verdadeiro que um mártir possa demonstrar a verdade de uma causa, que tendo a afirmar que um mártir nunca teve nada a ver com a verdade. No tom com que um mártir lança a sua convicção ao mundo, exprime-se um grau tão inferior de probidade intelectual, com tal incapacidade para resolver a questão da "verdade", que não há nunca necessidade de refutar um mártir. A verdade não é uma coisa que uns possuam e outros não possuam; só há camponeses e apóstolos de camponeses, da classe de Lutero, que assim possam pensar da verdade. Pode-se estar certo de que, segundo o grau de consciência nas coisas do espírito, a modéstia neste ponto há de sempre fazer-se maior. Ser competente em cinco ou seis coisas e recusar com delicadeza a saber algo a mais... A "verdade" como a entendem todos os profetas, sectários, livres pensadores, socialistas e homens de igreja, é uma prova absoluta de que nem sequer se deu ainda um passo na educação do espírito e no domínio sobre si mesmo, necessária para achar a verdade, ainda das menores. A morte dos mártires, seja dito de passagem, foi uma grande desgraça na história; seduziu... Deduzir, como fazem todos os fracos de espírito, compreendidas as mulheres e o povo, que uma causa que pode levar ao martírio (ou antes, que provoca uma epidemia de sacrifícios como o cristianismo primitivo) tenha algum valor, deduzir dessa maneira impede o livre exame, paralisa o espírito do exame e da precaução. Os mártires *prejudicaram* a verdade... Ainda hoje não se necessita senão de certa crueza na perseguição para proporcionar a quaisquer sectários uma honrosa reputação. Como? Pode uma causa ganhar em valor se qualquer uma lhe sacrifica a sua vida? Um erro que chega a ser honroso é um erro que possui mais um encanto de sedução; julgais, senhores teólogos, que vos daremos ocasião de fazerdes o papel de mártires das vossas mentiras?

Contesta-se uma causa demonstrando-se os pontos fracos com atenção, assim é que se contesta também os teólogos... Esta foi sempre a necessidade histórica de todos os perseguidores, dar à causa adversa as aparências da honra, acender-lhe a fascinação do martírio... A freira cai ainda hoje de joelhos perante o erro, porque se lhe disse que tal indivíduo morreu na cruz por semelhante erro. *É, pois, a cruz um argumento?* Mas sobre tudo isto, um só pronunciou a palavra que teria sido necessária, desde há milhares de anos: Zaratustra.

Escreveram sinais de sangue no caminho que percorreram, e a sua loucura ensinava que com o sangue se atesta a verdade.

Mas o sangue é a pior testemunha da verdade; o sangue envenena a mais pura doutrina e transforma-a em loucura e em ódio nos corações.

Quando alguém se atira ao fogo pela sua doutrina, que prova isso? Mas verdade é que do próprio incêndio surge a própria doutrina.

LIV

Não nos deixemos iludir; os grandes espíritos são céticos. Zaratustra é um cético. A força e a *liberd*ade, nascidas do vigor e da plenitude do espírito, demonstram-se pelo ceticismo. Em tudo o que respeita ao princípio de valor ou de não-valor, os homens de convicção não entram em linha de conta. As convicções são cárceres. Não vêem bastante longe, nem vêem por *baixo* delas: para poder falar de valor e de não-valor, é preciso ver quinhentas convicções por baixo de si, *atrás* de si... Um espírito que quer alguma coisa grande, que quer também os meios para chegar a ela, necessariamente é um cético. A independência de toda a espécie de convicções forma parte da força, *saber* olhar livremente... A grande paixão do cético, o alicerce e a potência do seu ser, por esclarecido e ainda despótico que seja, põe toda a sua inteligência ao seu serviço; afasta de si toda a incerteza; presta-lhe valor até para os meios ímpios e *permite-lhe* convicções em determinadas circunstâncias. A convicção enquanto serve de *meio*: existem muitas coisas que não se alcançam senão por uma convicção. A grande paixão necessita de convicções, faz uso das convicções, mas não se submete a elas – sente-se soberana. Pelo contrário, a necessidade de fé, de alguma coisa que não depende do sim e do não, o *carlilismo*, se me permitem o termo, é uma necessidade da *fraqueza*. O homem de fé, o "crente" de toda a espécie, é necessariamente um homem dependente, alguém que não se considera como fim, que não pode determinar os fins. O "crente" não se pertence, não pode ser senão médico, deve ser *consumido,* tem necessidade de alguém que o consuma. O seu instinto presta a maior honra a uma moral de sacrifício; tudo o persuade desta moral, a sua prudência, a sua experiência, a sua vaidade. Toda a espécie de fé é por si mesma uma expressão de sacrifício, de alheamento de si... Se se considera como é necessário para a maioria das pessoas, um conjunto de regras que os regule; que a opressão ou, em sentido mais elevado, a escravidão é a única e derradeira condição que permite prosperar os homens de vontade fraca e especialmente a mulher, compreender-se-á também a convicção, a "fé". O homem de convicção tem a sua espinha dorsal na fé. Não ver certas coisas, não ser independente em ponto algum, ser sempre de um "partido", ter em toda a parte uma óptica severa e necessária – isto só explica por que, em geral, existe tal classe de homens. Mas isto faz com que seja o contrário, o antagonista da veracidade – da verdade... O crente não possui a liberdade de ter uma consciência para a questão do "verdadeiro" e do "falso"; *aqui* a probidade seria a sua perdição. A dependência patológica da sua óptica faz do convicto um fanático – Savonarola, Lutero, Rousseau, Robespierre, Saint-Simon – o tipo oposto dos espíritos fortes e libertadores. Mas as grandes atitudes destes espíritos *enfermos,* destes epilépticos das idéias, atuam sobre as grandes massas; os fanáticos são pitorescos; a humanidade gosta mais de ver gestos do que ouvir *razões*...

LV

Um passo mais na psicologia da convicção, da "fé". Há já muito que fiz notar, que as convicções são talvez inimigas mais perigosas da verdade que as mentiras (*Humano, demasiado humano*, aforismo 483). Aqui desejo formular a questão definitiva: existe, de um modo geral, uma antítese entre a mentira e a convicção? Todo o mundo acredita que sim, mas em que é que todo o mundo não acredita? Toda a convicção tem a sua história, as suas formas primitivas, as suas tentativas e os seus equívocos: *faz-se* convicção, depois de o haver sido durante muito tempo e sem que possa continuar a sê-lo. Como, debaixo desta forma embrionária da convicção, não poderia haver nela uma mentira? Às vezes só é necessária uma mudança de pessoas: para o filho torna-se convicção o que para o pai era uma mentira. Chamo mentira ao negar-se a ver certas coisas que se vêem, negar-se a ver alguma coisa tal como ela é; pouco importa se a mentira se disse diante de testemunhas ou não. A mentira mais freqüente é a que cada qual diz a si próprio; mentir aos outros é um caso relativamente excepcional. Mas *não* querer ver o que se vê, não querer ver *como se vê*, isto é quase condição primordial para todos os que são de tal ou qual *partido*: o homem de partido é necessariamente mentiroso. Os historiadores alemães, por exemplo, estão persuadidos de que o Império Romano era o despotismo; que os germanos introduziram o espírito da liberdade no mundo. Que diferença há entre esta convicção e uma mentira? Pode alguém admirar-se ainda de que todos os partidos, por instinto, compreendendo neles os historiadores alemães, se sirvam das grandes palavras da moral, que *continue existindo* a moral, quase unicamente porque o homem de partido tem necessidade dela a cada instante? "Isto é a *nossa* convicção; que a proclamemos perante toda o mundo; vivemos e morremos por ela; que se respeite, antes de mais nada, todo aquele que tem convicções!" Isso é o que ouvi até dos lábios dos anti-semitas. Pelo contrário, senhores, mentindo por princípio, um anti-semita não se torna mais decente... Os sacerdotes que nesta espécie de questões são muito mais astutos, e que compreendem perfeitamente a contradição que encerra a idéia de uma convicção, isto é, de um costume de mentir por princípio, porque tende a um fim, tomaram dos judeus a prudência de introduzir, neste caso, a idéia de "Deus", da "vontade de Deus", de "revelação Divina". Também Kant com o seu imperativo categórico se encontrava no mesmo caminho: aqui a sua razão fez-se prática. Há questões em que o homem não pode decidir a respeito do verdadeiro nem do falso; todas as questões superiores, todos os problemas de valor superior, se acham superiores à razão humana... Compreender as fronteiras da razão, é isso unicamente a verdadeira filosofia... Com que fim deu Deus a revelação ao homem? Como teria Deus feito qualquer coisa de supérfluo? O homem não *pode* saber por si mesmo o que é bom ou mau, por isso é que Deus lhe mostra a sua vontade... Moral: o "sacerdote" *não* mente – a questão do "verdadeiro" e do "falso" não existe nas coisas de que falam os sacerdotes, essas coisas não permitem de modo algum mentir. Porque para mentir seria necessário poder dizer o que é verdadeiro neste caso. Mas é isso precisamente o que o homem não *pode*; é por esse motivo que o sacerdote é o porta-voz de Deus. Semelhante silogismo de sacerdote não é em absoluto só judeu e cristão; o direito à mentira e a *prudência* da revelação pertencem ao tipo do sacerdote, tanto aos sacerdotes decadentes como aos pagãos (pagãos são todos os que afirmam a vida, para os quais "Deus" é a grande expressão da afirmação de todas as coisas). A "lei", a "vontade de Deus", o "livro sagrado", a "inspiração" – palavras que não designam senão as condições sob as quais chega ao poder o sacerdote, com as quais mantém o seu poder – estas idéias encontram-se no fundo de todas as organizações sacerdotais, de todos os governos eclesiásticos ou filosóficos eclesiásticos. A "santa mentira", comum a Confúcio, ao código de Manu, a Maomé e à Igreja cristã: essa mentira não falta em Platão. "A verdade está ali"; isso significa por toda a parte: *o sacerdote mente...*

LVI

Em último lugar, importa saber com que *fim* se mente. Eu censuro o cristianismo pela sua falta de fins "sagrados". Não há senão maus fins: envenenamento, calúnia, negação da vida, desprezo do corpo, degradação e envilecimento do homem por meio da idéia; *portanto*, os seus fins são maus. Com um sentimento oposto leio o Código de Manu, livro incomparavelmente espiritual e superior; *nomeá-lo* ao mesmo tempo que à Bíblia seria um pecado contra o *espírito*. Adivinha-se depois; há uma filosofia verdadeira por detrás desse livro e não apenas uma mescla nauseabunda de rabinismo e superstição. Oferece alguma coisa ainda aos psicólogos mais delicados. Não esqueçamos o essencial; o que o distingue de todos os modos da Bíblia é que as cartas *nobres*, os filósofos e os guerreiros se servem dele para dominar a multidão; por toda a parte valores nobres, um sentimento de perfeição, uma afirmação da vida, o sol resplandecente sobre todo o livro. Todas as coisas que o cristianismo cobre com a sua vulgaridade inesgotável, por exemplo a concepção, a mulher, o matrimônio, adquirem nele seriedade e são tratados com respeito, amor e confiança. Como se pode colocar nas mãos de crianças e de mulheres um livro que contém estas palavras abjetas: "Para evitar a impudicícia, que cada qual tenha a sua própria mulher e que cada mulher tenha o seu próprio marido... porque mais vale casar-se que abrasar-se?..." E cada qual tem o direito de ser cristão, enquanto a criação dos homens estiver cristianizada, isto é, *manchada* pela idéia da *imaculada conceição*... Não conheço livro algum em que se digam à mulher tantas coisas doces, e boas, como na lei de Manu; aqueles velhos e aqueles santos tinham uma maneira de ser amáveis com as mulheres que talvez depois não foi excedida: "A boca de uma mulher", diz um de seus trechos, "o seio de uma donzela, o coração de uma criança, a fumaça do sacrifício são sempre puros." Noutro lugar: "Nada há mais puro do que a luz do sol, a sombra de uma vaca, o ar, a água, o fogo e a respiração de uma donzela". Citaremos esta última passagem, e talvez seja uma santa mentira: "Todas as aberturas do corpo por cima do umbigo são puras, todas as que estão por baixo são impuras; mas na donzela todo o corpo é puro".

LVII

Surpreende-se em flagrante delito a *irreligiosidade* dos recursos cristãos, se forem comparados os fins *cristãos* com os fins da lei de Manu, se for esclarecida com luz muito viva a grande contradição destes dois fins. A crítica do cristianismo não pode dispensar-se de o apresentar *desprezível*. Uma lei como a de Manu elabora-se, como todos os bons códigos: resume a prática, a prudência e a moral experimental de alguns milhares de anos, conclui e já não acredita em nada mais. A primeira condição para uma codificação desta espécie é a convicção de que os meios, para dar autoridade a uma *verdade*, lenta e dificilmente adquirida, são muito diferentes daqueles pelos quais se teria demonstrado esta verdade. Um código não refere nunca no seu prefácio a utilidade, a razão, a casuística das suas leis; isto lhe faria perder o seu tom imperativo, o "tu deves", primeira condição para se fazer obedecer. Aqui está exatamente o problema. Em certo ponto do desenvolvimento de um povo, o seu livro mais circunspecto, o que melhor percebe o passado e o futuro, declara estabelecer a prática segundo a qual se deve viver, ou seja, segundo a qual se *pode* viver; o seu fim é recolher, tão rica e completamente quanto seja possível, as experiências das más épocas. O que se deve, pois, evitar então, principalmente, é a continuação das experiências, o prosseguimento *ad infinitum*, o estado instável do estudo, do exame, da eleição, da crítica dos valores. Opõe-se a este sistema um duplo muro: de uma parte a revelação, isto é, a afirmação de que a razão dessas leis não é de origem humana, que não foi procurada e achada lentamente, com equívocos, senão que é de origem divina, inteira, perfeita, sem história, que é um presente, um milagre, que foi singularmente comunicada... Por outro lado, a *tradição*, isto é, a afirmação de que a lei existiu desde tempo imemorial e que, pô-la em dúvida, seria uma falta de respeito, um crime para com os antepassados. A autoridade e a lei estão fundadas sobre estas duas teses: Deus deu-a, os antigos *viveram-na.* Descobre-se a razão superior deste procedimento na intenção de afastar paulatinamente a consciência da vida na qual se torna reconhecida a necessidade (isto é demonstrado por uma experiência enorme e cuidadosamente passada por peneira); assim é que se obtém esse completo automatismo do instinto – condição primária de toda a mestria, de toda a perfeição na arte da vida. Confeccionar um código segundo o gênero do de Manu é conceder desde logo a um povo o direito de ser mestre, de fazer-se perfeito – de ambicionar a arte mais sublime da vida. *Para conseguir-se isto cumpre tornar-se inconsciente*; é este o fim de todas as santas mentiras.

A ordem das castas, a lei superior e dominante, não é senão a sanção de uma *ordem natural,* de uma lei natural de primeira ordem, sobre a qual não tem poder nenhuma vontade arbitrária, nenhuma "idéia moderna". Em toda a sociedade sã, distinguem-se três tipos psicológicos, que gravitam diferentemente, mas que se acham reciprocamente submetidos, tendo cada qual a sua própria higiene, o seu próprio domínio de trabalho, o seu próprio sentimento de perfeição e de capacidade. A natureza, e não Manu, é que separa os homens da preponderância intelectual, os de preponderância muscular e de temperamentos fortes e os que não se distinguem por preponderância alguma, os terceiros, os medianos; os últimos constituem o maior número, os primeiros são a elite. A casta superior, que é o *menor número,* sendo a mais perfeita, possui também os direitos do menor número: é preciso, pois, que represente a felicidade, a formosura e a bondade sobre a Terra. Unicamente os homens mais intelectuais têm direitos à formosura, à aspiração ao belo, entre eles unicamente a bondade não é fraqueza. *Pulchrum est paucorum hominum*[46]. O bom é uma prerrogativa. Nada lhes é menos permitido do que os modos feios, o olhar pessimista, olhos *desfigurados,* nem ainda a indignação por causa do aspecto geral das coisas. A indignação é a prerrogativa do *tchandala* e igualmente o pessimismo. "O mundo é perfeito – assim fala o instinto dos mais intelectuais, o instinto afirmativo –, a imperfeição, tudo quanto está por baixo de nós, a distância, o *pathos* da distância, da própria *tchandala*, fazem parte ainda desta perfeição."

Os intelectuais, sendo os *mais fortes,* encontram a sua felicidade onde outros pereceriam: no labirinto, na dureza para consigo mesmo e respeito pelos outros, na tentação; o seu prazer está em vencerem-se a si mesmos; entre eles, o ascetismo considera-se natureza, necessidade, instinto. A tarefa difícil é a sua prerrogativa, entreter-se com coisas que cansam os outros serve-lhes de *descanso*... O conhecimento é uma das formas do ascetismo. Compõem a classe de homens mais honrosa, mas isto não impede que ao mesmo tempo seja a mais alegre e a mais amável. Imperam não porque queiram imperar, mas porque são; não possuem a liberdade de ser os segundos. *Os segundos são os* guardadores de direito, os administradores da ordem e da segurança, *são os* nobres guerreiros, sobre todos o *rei,* a fórmula superior do guerreiro, do juiz, do sustentáculo da lei. Os segundos são o elemento executivo dos intelectuais, aquilo que lhes está mais próximo, o que lhes pertence, o que os descarrega de tudo quanto *é grosseiro* no trabalho de reinar – o seu séquito, a sua mão direita, os seus melhores discípulos. Em tudo isto, digamo-lo uma vez mais, nada há de arbitrário, nada de "fictício"; o contrário, é esse o artificial; é então que a natureza é destruidora... A ordem de castas e *a regulamentação das classes*

[46] O belo é presença de poucos homens.

não formulam senão as regras superiores da própria vida; a separação dos três tipos é necessária para conservar a sociedade, para tornar possíveis os tipos superiores e supremos – a *desigualdade* dos direitos é a primeira condição para a existência dos direitos. Um direito é um privilégio. Não julguemos demasiado baixos os privilégios dos medianos. À medida que a vida se eleva, apresenta-se mais dura, o frio aumenta e aumenta a responsabilidade. Uma esmerada cultura é uma pirâmide: não pode erigir-se senão sobre uma larga base; necessita, como condição essencial, de uma mediocridade sã e fortemente consolidada. O ofício, o comércio, a agricultura, a ciência, grande parte da arte, numa palavra, todas as ocupações quotidianas não podem caminhar de acordo, senão com certo termo médio no poder e no querer; tais coisas não estariam no seu lugar entre os seres excepcionais; o instinto necessário estaria em contradição tanto com a aristocracia como com o anarquismo. Para ser uma utilidade pública, uma roda, uma função, é preciso estar de antemão predestinado para isso: não é *de modo algum* a sociedade, a espécie de felicidade acessível ao grande número, o que faz desse grande número máquinas inteligentes. Para o medíocre, a mediocridade é uma felicidade; para eles, o domínio numa só coisa, a especialidade, é um instinto natural. Seria desde logo indigno de uma grande inteligência ver algo de condenável na própria mediocridade. Ela é a *primeira* necessidade para que possam existir exceções; desta depende uma elevada cultura. Se o homem excepcional trata o homem medíocre com mais doçura que a si próprio e aos seus iguais, isto não é apenas cortesia interior, é simplesmente um *dever*... A quem odeio eu mais entre a ralé de hoje? A canalha socialista, aos apóstolos de *tchandala*, que minam no instinto o prazer, o contentamento do operário de modesta existência, que tornam invejoso o operário, que lhe ensinam a vingança... A injustiça não se encontra nunca nos direitos desiguais; encontra-se na pretensão aos direitos "iguais"... O que é o mau? Já respondi: tudo o que tem a sua origem na fraqueza, na inveja, na *vingança*. O anarquista e o cristão têm a mesma origem...

LVIII

Efetivamente é necessário considerar com que fim se mente: é muito diferente, se se mente para conservar ou para destruir. Pode colocar-se perfeitamente em paralelismo o cristão e o anarquista: os seus fins, os seus instintos são apenas destruidores. A história apresenta esta afirmação com precisão que espanta. Já vimos uma legislação religiosa, que tem por princípio "eternizar" uma grande organização da sociedade, condição superior para fazer *prosperar* a vida; o cristianismo, pelo contrário, encontrou a sua missão na destruição de semelhante organismo, pois *que* a vida com *ele prosperava.* Naquele sistema os resultados da razão, durante largos períodos de experiência e de incerteza, deveriam ser semeados para servir nas épocas mais longínquas e a colheita devia ser tão grande, tão abundante, tão completa quanto possível; aqui, pelo contrário, *envenenava-se* a colheita durante a noite... O que existia *aere perennius*[47]. O Império Romano, a mais grandiosa forma de organização, sob condições difíceis, que algum dia se tenha realizado, tão grandiosa que, comparada com ela, tudo quanto a precedeu e tudo quanto lhe sucedeu não foi senão diletantismo, coisa imperfeita e lamacenta – esses santos anarquistas consideraram uma "piedade" destruir "o mundo", isto é, o Império Romano, até não ficar pedra sobre pedra – até ao ponto de os próprios germanos e outros brutos se terem podido tornar senhores deles... O cristão e o anarquista, ambos são decadentes, ambos incapazes de proceder de outro modo, senão de uma maneira dissolvente, venenosa, debilitante, esgotando o sangue; ambos têm, por instinto, um *ódio de morte* contra tudo o que existe, tudo o que é grande, tudo o que tem duração, tudo quanto promete futuro à vida... O cristianismo foi o vampiro do Império Romano, reduziu a nada numa só noite essa ação enorme dos romanos: ter ganho um terreno para uma grande cultura *que poderia esperar a sua vez.* Não se compreende ainda? O Império Romano que nós conhecemos, que a história da província romana ensina sempre a conhecer melhor, essa admirável obra de arte, de grande estilo, era um começo, o seu edifício estava calculado para ser *demonstrado* por milhares de anos. Nunca, até aos nossos dias, se construiu dessa maneira, nem ainda se sonhou nunca em construir em igual medida *sub specie eterni!* [48]. Essa organização era bastante forte para suportar maus imperadores: o azar das pessoas não deve ter participação em semelhantes coisas:

[47] Mais duradouro que o bronze.

[48] Na perspectiva do eterno.

primeiro princípio de toda a grande arquitetura. Contudo não foi bastante forte contra a espécie mais corrompida de todas as corrupções: contra o cristão... Essa misteriosa gentalha que se aproximava de cada qual no meio da noite e na névoa dos dias duvidosos, que sugava a cada um a seriedade para as coisas *verdadeiras*, o instinto das *realidades,* essa turba covarde e melíflua, afastou, passo a passo, as "almas" desse enorme edifício, essas naturezas preciosas, virilmente nobres, que viam na causa de Roma a sua própria causa, a sua própria seriedade – o seu próprio orgulho. A dissimulação dos beatos, o mistério dos conventículos, idéias sombrias como o inferno, como sacrifício dos inocentes, como a *unio mystica* na gestação do sangue, e ante todo o fogo do ódio lentamente avivado, o ódio dos *tchandala*, foi isso o que chegou a ser senhor de Roma, a mesma espécie de religião que, na sua forma preexistente, fora já combatida por Epicuro. Leia-se Lucrécio, para compreender aquilo a que Epicuro fez guerra; não era de modo algum o paganismo, mas o cristianismo, quero dizer a corrupção da alma pela idéia do pecado, da penitência e da imortalidade. Combateu os cultos *subterrâneos*, todo o cristianismo latente – naquele tempo negar a imortalidade era já uma verdadeira *redenção.* E Epicuro teria saído vitorioso; todo o espírito respeitável do Império Romano era epicúreo: *então, apareceu Paulo.*

Paulo, o ódio de *tchandala* contra Roma, contra "o mundo" feito carne, feito gênio. Paulo, o judeu, o judeu errante por excelência! O que ele adivinhou foi a maneira de atear um incêndio universal com a ajuda do pequeno movimento sectário dos cristãos, aparte o judaísmo, como com a ajuda do símbolo "Deus na cruz", poder-se-ia reunir num poder enorme tudo quanto era baixo e secretamente insurrecto, toda a herança das manobras anarquistas do Império. "A salvação vem pelos judeus." Fazer do cristianismo uma fórmula para se sobrepor aos cultos subterrâneos de todas as espécies, aos de Osíris, da Grande Mãe e de Mitra, por exemplo, uma forma para resumi-las, essa penetração constitui o gênio de Paulo. O seu instinto para isso estava tão seguro que, com um despotismo sem respeito pela verdade, pôs na boca desse "Salvador" de sua invenção as idéias de que se serviam para fascinar essas religiões de *tchandala* e, não somente na boca, fez do seu Salvador alguma coisa que um sacerdote de Mitra pudesse também compreender.

Isto foi a sua estrada de Damasco: compreendeu que *havia*

necessidade da fé na imortalidade para desprezar o "mundo", que a idéia do "inferno" podia tornar-se senhora de Roma, que com o "mais além" *se mata a vida.* Niilista e cristão: ambas as coisas concordam, e não só concordam...

LIX

Em vão todo o trabalho do mundo antigo; não acho palavras para exprimir o meu sentimento sobre uma coisa tão monstruosa. E considerando que este trabalho não passava de um trabalho preliminar que, com uma consciência de si dura como o granito, acabava apenas de lançar o fundamento para um trabalho de vários milhares de anos, em vão todo o *sentido* do mundo antigo!... Para que serviram os gregos, para que o romanos? Todas as condições primárias para uma civilização sábia, todos os métodos científicos existiam já, havia-se fixado já a grande, a incomparável arte de ler bem, essa condição necessária para a tradição da cultura, para a unidade das ciências; as ciências naturais unidas às matemáticas e à mecânica achavam-se no melhor caminho; o *sentido dos fatos*, o último e mais preciso de todos os sentidos tinha a sua escola; a sua tradição de vários séculos! Compreende-se isto? Tudo o que era *essencial* para se pôr a trabalhar, havia sido encontrado: os métodos, cumpre dizê-lo dez vezes, são o essencial, e também o mais difícil, e também o que há mais tempo têm contra si os costumes e a preguiça. O que hoje reconquistamos com uma indizível vitória sobre nós mesmos – porque temos todos ainda os maus instintos, os instintos cristãos em nós –, o olhar livre ante a realidade, a mão circunspecta, a paciência e a seriedade nas coisas menores, toda a *probidade* na busca do conhecimento; tudo isso já existia há mais de dois mil anos. E mais ainda, o bom gosto, o tato fino e seguro! *Não* como um adestramento de cérebro, não como a cultura "alemã", como maneiras de bruto! Mas como corpo, como gesto, como instinto, como realidade, numa palavra... Tudo aquilo em vão! Nada mais do que a recordação de um dia para o outro! Gregos! Romanos! A nobreza dos instintos, o gosto, a investigação metódica, o gênio da organização e da administração, a fé e a *vontade* para o futuro humano, a grande *afirmação* de todas as coisas, visível sob a forma do Império Romano, visível para todos os sentidos, o grande estilo não só arte, senão convertidos em realidade, verdade, vida!...

E não é um cataclismo da natureza o que destruiu tudo isto de uma noite para o dia! Não é o impulso dos germanos ou de outros tardígrados. Vampiros astutos, clandestinos, invisíveis e anêmicos, arruinaram-no! Não vencido, mas unicamente esgotado!... A sede oculta de vingança, a inveja insignificante convertidas em *dominantes!* Todo o sofredor, o que padece, o visitado por más inclinações, todo o mundo de gueto da alma posto subitamente na *primeira fila*! Leia-se um agitador cristão qualquer, Santo Agostinho, por exemplo, para compreender como aquela canalha havia subido ao poder. Enganar-se-ia quem presumisse uma falta de inteligência nos chefes do movimento cristão. Ah! são astutos até à santidade os senhores padres da Igreja! O que lhes falta é outra coisa distinta. A natureza descurou-se, esqueceu-se de os dotar, ao menos modestamente, de instintos convenientes e limpos... Seja dito entre nós, não são nem sequer homens... Se o islamismo despreza o cristianismo, tem mil razões para isso; o islamismo tem *homens* por condição primária.

LX

O cristianismo fez-nos perder a herança da cultura antiga, fez-nos perder mais tarde a herança da cultura do islamismo. A maravilhosa civilização árabe de Espanha, mais próxima em suma dos nossos sentidos e dos nossos gestos do que Roma e Grécia, essa civilização foi *espezinhada* (não digo por que pés); por quê? Porque devia a sua origem a instintos nobres, a instintos de homem, porque afirmava a vida e, além disso, com as magnificências raras e refinadas da vida mourisca... As Cruzadas lutaram mais tarde contra algo diante do qual antes deveriam rastejar, uma civilização que faria o nosso século XIX parecer até muito pobre e muito "atrasado". É verdade que queriam recolher despojos; o Oriente era rico... Sejamos, pois, imparciais! As Cruzadas... pirataria em grande escala, nada mais! A nobreza alemã – no fundo nobreza de *wiking* – encontrava-se com isso no seu elemento. A Igreja por demais sabia como se atrai ao seu partido a nobreza alemã... A nobreza alemã, sempre os "Suíços" da Igreja, sempre ao serviço dos maus instintos da Igreja, mas *bem paga*... Com a ajuda da espada alemã, do sangue e do valor alemães, foi que a Igreja fez a sua guerra de morte, contra tudo o que é nobre sobre a Terra! Aqui poderiam fazer-se perguntas bem dolorosas. A nobreza alemã falha quase sempre na história da cultura elevada: adivinha-se o motivo... Cristianismo, alcoolismo: os dois grandes meios da corrupção... Em suma, não havia a escolher entre o isolamento e o cristianismo, como tampouco entre um árabe e um judeu. A decisão está tomada; ninguém mais tem liberdade de escolha. Ou bem se é *tchandala* ou bem se *não é*... Guerra de morte a Roma! Paz e amizade com o islamismo. Assim o sentia, assim o fez esse grande espírito livre, o gênio entre os imperadores alemães, Frederico II. Como? Será preciso que um alemão seja gênio, seja espírito livre, para se tornar *conveniente?* Eu não compreendo como um alemão nunca haja podido sentir-se cristão...

LXI

Cumpre registrar aqui uma recordação cem vezes mais dolorosa para os alemães. Os alemães impediram na Europa a última grande colheita de cultura que é possível alcançar: a da *Renascença.* Compreende-se finalmente, chega-se por fim a compreender o que era a Renascença? *A transmutação dos valores cristãos;* a tentativa empreendida com todos os meios, com todos os instintos, com todo o gênio, para dar a vitória aos valores contrários, aos valores *nobres*... Até ao presente não houve senão essa única grande guerra, não houve até ao presente problema mais concludente que o da Renascença – o meu problema é o mesmo: nunca houve forma de *ataque* mais fundamental, mais reta, mais severa, dirigida contra o centro, em toda a linha. Atacar no lugar decisivo, no próprio assento do cristianismo, pôr sobre o trono papal os valores nobres; isto é, introduzir esses valores nos instintos, nas necessidades e nos desejos mais baixos daqueles que estavam no poder... Vejo ante mim a *possibilidade* de uma magia supraterrestre, de um perfeito encanto de cores; parece-me que essa possibilidade resplandece em toda as palpitações de uma beleza requintada, que nela se revela uma arte, uma arte tão divina, tão diabolicamente divina, que em vão se buscaria através das idades uma possibilidade semelhante; contemplo um espetáculo tão significativo e ao mesmo tempo tão maravilhosamente paradoxal, que todas as divindades do Olimpo teriam ocasião de romper numa imortal gargalhada – vejo *César Bórgia,* papa... Compreendem-me?... Verdadeiramente isto teria sido a vitória, que só eu me atrevo a desejar. Com isto teria ficado suprimido o cristianismo. Que sucedeu? Um frade alemão, Lutero, chegou a Roma. Este frade, sobrecarregado com todos os instintos de vingança de um sacerdote desgraçado, rebelou-se em Roma *contra* a Renascença... Em vez de compreender, cheio de reconhecimento, o prodígio que se efetuara, o cristianismo vencido na sua mesma *sede,* o seu ódio não soube tirar desse espetáculo senão o seu próprio alimento. O homem religioso não pensa senão em si mesmo. Lutero viu a corrupção do papado, quando devia aperceber-se do contrário; a antiga corrupção, o *peccatum originale,* o cristianismo não estava mais sentado na cadeira papal. Estava substituído pela vida, o triunfo da vida, o grande sim com respeito a todas as coisas elevadas, belas e audazes!... E Lutero *restabeleceu a Igreja*: atacou-a... A Renascença converteu-se num acontecimento desprovido de sentido, numa eterna futilidade. Ah! estes alemães, quanto já nos custaram! Em vão: esta foi sempre a obra dos alemães. A Reforma, Leibniz, Kant e a chamada filosofia alemã; as guerras da "independência" contra Napoleão I; o novo Império alemão, sempre um *em vão* para alguma coisa que estava prestes a realizar-se, para alguma coisa irreparável... São meus inimigos, eu confesso, esses alemães; desprezo neles toda a espécie de sujidade de idéias e de valores, de fraqueza ante a probidade de cada sim e de cada não. Há mil anos aproximadamente que obscureceram e embrulharam tudo em que tocaram com as suas mãos; pesa sobre a consciência toda as coisas feitas a meio – nas suas três oitavas partes! – de que se queixa a Europa, e igualmente têm também sobre sua consciência a espécie mais suja de cristianismo que existe, a mais incurável, a mais irrefutável, o protestantismo... Se não se termina com o cristianismo, culpados disso serão os alemães.

LXII

Termino aqui e pronuncio a minha sentença: eu *condeno* o cristianismo, lanço contra a Igreja cristã a mais terrível acusação que jamais acusador algum pronunciou: para mim ela é a maior corrupção imaginável. A Igreja cristã nada poupou à sua corrupção: de cada valor fez um não-valor, de cada verdade uma mentira, de cada integridade uma baixeza de alma. Que se atrevam a falar-me ainda dos seus "humanitários" benefícios! *Suprimir* qualquer angústia seria contrário ao seu mais profundo interesse: ela viveu de angústias, *inventou* angústias para se eternizar... O verme do pecado, por exemplo: foi graças à Igreja que a humanidade se viu enriquecida com essa angústia! A "igualdade das almas perante Deus", essa falsidade, esse pretexto para os mais baixos rancores de todos os espíritos inferiores, idéia-explosivo que acabou por se transformar em Revolução, idéia moderna, princípio de degenerescência de toda a ordem social – é a dinamite cristã... "Humanitários" benefícios do cristianismo! Fazer da *humanitas* uma contradição, uma arte de poluir, uma vontade de mentira a todo o custo, uma repulsa, um desprezo por todos os bons e retos instintos! Aí tendes os benefícios do cristianismo! – O parasitismo, única prática da Igreja, sugando com o seu ideal de anemia e de "santidade", o sangue, o amor, a esperança da vida; o além como vontade de negação da realidade; a cruz como emblema para a mais subterrânea conspiração que jamais se urdiu – conspiração contra a saúde, a beleza, a retidão, o valor, o espírito, a *beleza* da alma, contra a própria vida...

Hei de gravar em todas as paredes esta acusação eterna contra o cristianismo, em toda a parte onde houver paredes – tenho letras que até os próprios cegos podem ler... Chamo ao cristianismo a grande calamidade, a grande corrupção interior, o grande instinto de vingança, para o qual não há meios suficientemente venenosos, bastante subterrâneos, satisfatoriamente baixos – chamo-lhe a imortal desonra da humanidade.

E conta-se o tempo a partir desse *dies nefastus*[49] que foi o começo desse destino – a partir do *primeiro* dia do cristianismo! *E por que não contá-lo* a partir do *seu último dia? – A partir de hoje?* – Transmutação de todos os valores!...

[49] Dia maldito; funesto.

Na edição da obra de Nietzsche, de Karl Schlechta, *O Anticristo* termina com o capítulo 62.

Contudo, no seu livro *Nietzsches Werke des Zusammenbruchs*, E. Podach apresenta dois textos, perdidos até aí entre os manuscritos de *Ecce Homo*, e demonstra que eles devem seguir-se ao capítulo 62, constituindo assim a parte final de *O Anticristo*.

O segundo destes textos corresponde, com algumas variantes, ao capítulo 30 de "Das Antigas e Novas Tábuas" do Livro III de *Assim Falava Zaratustra*.

Lei contra o cristianismo

Dada no dia da Salvação, primeiro dia do ano Um (a 30 de Setembro de 1888, pelo falso calendário).

Guerra de morte: o vício é o cristianismo

Artigo Primeiro – É *vício* qualquer forma de antinatureza. A mais viciosa espécie de homens é o padre: ele *ensina* a antinatureza. Contra o padre não temos razões, temos a casa de correção.

Artigo Segundo – Qualquer participação num ofício divino é um atentado contra a moral pública. Seremos mais duros para um protestante do que para um católico, mais duros para um protestante liberal que para um puritano. Quanto mais próximo se está da ciência, maior é o crime de se ser cristão. Por conseguinte, o maior dos criminosos é o *filósofo*.

Artigo Terceiro – O lugar de maldição onde o cristianismo chocou os seus ovos de basilisco* será completamente arrasado e,

---

* Basilisco – monstro em forma de serpente. Segundo a lenda, ouvir o seu silvo ou vê-lo era o suficiente para dar a morte a quem isso sucedesse. Costumava habitar os subterrâneos e o veneno do seu hálito secava as ervas, arbustos e partia as pedras. O basilisco era o rei dos animais venenosos e dele fugiam as víboras. *Ovos de basilisco* – supunha-se que o basilisco nascia de ovo sem gema, posto por um galo e chocado no estrume por um sapo.

sendo sobre a Terra o local sacrílego, constituirá motivo de pavor para a posteridade. Aí serão criadas serpentes venenosas.

Artigo Quarto – A apologia da castidade é uma pública incitação ao antinatural. Desprezar a vida sexual, enxovalhá-la com a noção de "impuro", eis o verdadeiro pecado contra o Espírito Santo da Vida.

Artigo Quinto – Comer à mesa com um padre exclui-vos; fazendo, excomungam-se da justa sociedade. O padre é o nosso *tchandala* – será encarcerado, privado de alimentos, expulso para um local como o deserto.

Artigo Sexto – Dar-se-á à história "santa" o nome que merece, isto é, história *maldita*; serão usadas as palavras "Deus", "Salvador", "Redentor", "Santo" para injuriar, para com elas marcar os criminosos.

Artigo Sétimo – O resto nasce aqui.

Nietzsche – *O Anticristo*

O martelo fala

Zaratustra 3,90

Tu, o meu Querer, milagre para toda a angústia, tu, minha necessidade. Livra-me das vitórias mesquinhas!

Tu, vocação da minha alma, a quem chamo destino! Tu que estás em mim! Acima de mim! Guarda-me e preserva-me para um grande destino!

E a tua suprema grandeza, ó meu Querer, reserva-a para ser a derradeira – possas tu ser inexorável na vitória. Ali! quem não sucumbiu à sua vitória!

Ah! quem há cujo olhar não se tenha enevoado nesse crepúsculo ébrio!

Ah! quem cujo pé não tenha tropeçado; quem que não tenha desaprendido no momento da vitória – a estar de pé!

Que um dia eu esteja pronto e amadurecido no *grande Meio-dia,* pronto e amadurecido tal como o bronze ardente, a nuvem prenhe de raios, a teta regurgitante de leite.

Pronto e amadurecido para mim próprio e para o meu Querer mais secreto, um arco no ardor da sua flecha, uma flecha no ardor do seu astro.

Um astro pronto e amadurecido no seu Meio-dia, incandescente, trespassado na delícia das flechas aniquiladoras do sol: ele próprio sol e vontade-sol inexorável, pronta para triunfante, aniquilar!

Ó Querer, desvio de toda a angústia, tu, minha necessidade! Preserva-me para uma grande vitória!

ÍNDICE

COLEÇÃO A OBRA-PRIMA DE CADA AUTOR

O Anticristo

Friedrich Nietzsche

TEXTO INTEGRAL

MARTIN CLARET

EDITORA MARTIN CLARET
R. Alegrete, 62 - Bairro Sumaré - São Paulo -SP
Cep: 01254-010 - Tel.: (11) 3672-8144 - Fax.: (11) 3673-7146
www.martinclaret.com.br

Nome ______________________________

Série _____ Grau _____ Professor ______________________

Escola ______________________________

Esclarecimentos:

Este instrumento de trabalho tem por principal objetivo explorar a leitura, trazendo ao leitor a oportunidade de refletir e de confrontar-se com o texto. Ao nos depararmos com uma obra literária, não podemos desconsiderar o universo contextual do autor e o tipo de reprodução que ele realiza. Passado e presente, estilos individuais, de época, conceitos e preconceitos, tudo deve ser confrontado e analisado para entrarmos em contato profundo com uma obra. Por mais que a arte queira sobreviver por si própria, ela se tornará vazia e sem sentido se não trouxer marcas de humanidade.

A Editora Martin Claret tem como lema "pensar é causar", e lhe convida a trilhar os horizontes pedagógicos que aí estão para fazê-lo "ser mais" e "causar" — e isso quer dizer, operar transformações pessoais e sociais.

Sobre o autor e a obra

Friedrich Willhem Nietzsche (1844-1900), um filósofo que se declara assistemático e que escreve em estilo de aforismos na maior parte de seus escritos, tornou-se uma referência para a Filosofia, pois a modernidade, que se formou desde o antropocentrismo e o racionalismo do Renascimento até o auge do Iluminismo, entra com seus valores absolutos, questionados pelo filósofo em evidência. Se a ciência suplantou a religião e a metafísica, como afirma Augusto Comte, o positivista do XIX, transformou-se ela mesma em árbitro de tudo o que existe, porém, sua vontade de verdade foi sua falha. Na realidade, ela não conseguiu ocupar o lugar da religião e da metafísica, como pretendia o cientificismo, essa "religião da ciência". Por isso tudo, Nietzsche fez-se crítico veemente de todos aqueles que se arvoram em donos da verdade e da própria verdade (a verdade de si), que não é senão uma interpretação, uma afirmação que se efetivou pelas relações de forças da pulsão cósmica plural. Fatos não existem por si, por isso não há fatos, assim toda a verdade deve ser posta em questão. Nietzsche tornou-se um destruidor de ídolos e no seu *O Anticristo*, que escreve em 1888 e que será publicado somente em 1895, faz ruir, em sua obra, o cristianismo como base valorativa do Ocidente, pois apresenta uma crítica contundente contra a instituição cristã, para ele, diferenciada de Cristo. Mas, Nietzsche, não é um cristão diferente, apenas indica que o cristianismo piorou metafisicamente um romântico que fora Cristo, admirando-o por vezes, como revela no aforismo 35, à p. 70, e desfazendo equívocos. A luta do filósofo é contra o cristianismo como platonismo para o povo (entenda-se o dualismo de Platão), como negação desta vida em nome doutra no além, enquanto metafísica, enquanto uma redenção que não existe. O interessante é que, ao mesmo tempo em que critica o cristianismo, ele mostra uma outra perspectiva de Cristo. Mas, acima de tudo, o cristianismo é uma praga e uma visão que dominou. Por isso, a obra em destaque é um projeto de transvaloração de valores, em que a base de avaliação não seria mais cristã ou metafísica, mas a vida enquanto esta vida sem refúgios no além, esta vida enquanto vontade de potência ou relações de forças se efetivando, em contínua transformação na organização e desorganização. Destruição e criação, vir-a-ser. É interessante notar que *O Anticristo* fazia parte de um plano de Nietzsche para a publicação de um conjunto de quatro livros que formaria *Vontade de Potência: Ensaio de uma Transvaloração dos Valores*, mas somente o livro que aqui consta ficara pronto. E a publicação, por sua irmã, de uma obra intitulada *Vontade de Potência*, como sendo de Nietzsche, foi pura fraude. Somente *O Anticristo* e os *Fragmentos Póstumos*, estes últimos relacionados em ordem por Colli e Montinari superaram definitivamente a fraude de um livro que o filósofo não escreveu, apesar de ter projetado. Enfim, ao (à) leitor(a) a leitura da introdução é indispensável como propedêutica a este livro tão polêmico, ainda nos dias de hoje.

Reflexão:

1. *O Anticristo*, primeiro livro e único elaborado do projeto nietzscheano de uma tresvaloração dos valores. Nietzsche queria que os valores do cristianismo fossem colocados em questão e que outras perspectivas seriam possíveis sem essa dominação cristã. Como entender a obra nesse contexto em que aquilo pelo qual um valor passa a sê-lo precisa ser questionado (a base de avaliação que faz com que algo se torne um valor)? A descoberta é sua, prezado(a) leitor(a). "(Quase) dois milênios decorridos e nem um único Deus novo!" (aforismo 19, p. 52), é a frase de Nietzsche contra o Deus judaico-cristão, metafísico, favorecedor de uma vida no além e, por conseqüência, desprezando esta vida.

____

____

____

2. Qual é, caro(a) leitor(a), sua concepção de Deus? Compare-a com a de Nietzsche e veja o quanto o filósofo é ousado em sua mudança da maneira de avaliar as coisas (ver aforismo 18, pp. 51-52).

____

____

____

3. O que significa, para Nietzsche, dizer que "o cristianismo é um platonismo para o povo" (reler a introdução)? Aqui você, leitor(a), poderá vislumbrar o objetivo maior de uma mudança filosófica.

4. Por que, segundo Nietzsche, o Deus cristão representa um "monótono-teísmo", o monoteísmo cristão. Caríssimo(a) leitor(a), respeitando toda a fé que você possa ter, a questão é outra: o monoteísmo, para o filósofo, matou outras possibilidades divinas. Muito bem: o que você pensa da tolerância religiosa, inclusive contra os chamados "pagãos"? isto faz lembra um outro filósofo: François-Marie Arouet (Voltaire). Verifique, novamente, o aforismo 19 em sua totalidade.

5. Por que Paulo, o apóstolo, é tão questionado pelo filósofo de *O Anticristo?* (ler o aforismo 47, p. 85).

6. "O Evangelho morreu na cruz." Amigo(a) leitor(a), acaso já pensou bem sobre essa frase? Certamente, ela mexe consigo, de uma ou várias maneiras. Não se trata de propor que Nietzsche reabilita Cristo, mas de mostrar os equívocos de toda uma institucionalização sobre o próprio. Ainda bem que há "liberdade de expressão", não é mesmo? (o aforismo 39, pp. 73-75, pode lhe auxiliar).

7. Procure fazer sua análise e síntese do texto integral e discuta com seus colegas. *Sugestão*: inclua nas suas discussões o tema Ética e Pluralidade Cultural, dos PCNs (Parâmetros Curriculares Nacionais, do MEC). Bom trabalho!

8. O problema de postar-se como "dono da verdade" sempre foi algo terrível para o bem do conhecimento. Não se trata de relativizar tudo, porque cair-se-ia na mesma situação absolutizadora de pensar-se proprietário da verdade. Comente, assim, a seguinte citação: "Há já muito que fiz notar que as convicções são talvez inimigas mais perigosas da verdade que as mentiras (*Humano, Demasiado Humano*, aforismo 483). Aqui desejo formular a questão definitiva: existe, de um modo geral, uma antítese entre a mentira e a convicção? Todo o mundo acredita que sim, mas em que é que todo o mundo não acredita? (...) faz-se convicção..." (leia o aforismo 55, às pp. 95-96). Relacione isso com a criação dos dogmas religiosos.

9. Como a moral religiosa pode servir de instrumento de dominação, de controle, sobre os indivíduos? "O melhor meio para conduzir a humanidade pelo cabresto: eis a moral!" (aforismo 44, p. 81).

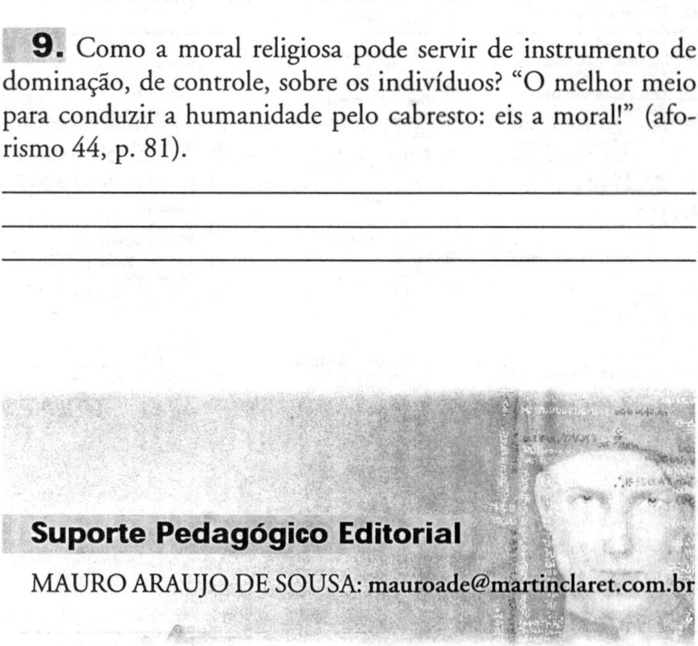

Suporte Pedagógico Editorial

MAURO ARAUJO DE SOUSA: mauroade@martinclaret.com.br

Relação dos Volumes Publicados

1. **Dom Casmurro**
Machado de Assis
2. **O Príncipe**
Maquiavel
3. **Mensagem**
Fernando Pessoa
4. **O Lobo do Mar**
Jack London
5. **A Arte da Prudência**
Baltasar Gracián
6. **Iracema**
José de Alencar
7. **Inocência**
Visconde de Taunay
8. **A Mulher de 30 Anos**
Honoré de Balzac
9. **A Moreninha**
Joaquim Manuel de Macedo
10. **A Escrava Isaura**
Bernardo Guimarães
11. **As Viagens - "Il Milione"**
Marco Polo
12. **O Retrato de Dorian Gray**
Oscar Wilde
13. **A Volta ao Mundo em 80 Dias**
Júlio Verne
14. **A Carne**
Júlio Ribeiro
15. **Amor de Perdição**
Camilo Castelo Branco
16. **Sonetos**
Luís de Camões
17. **O Guarani**
José de Alencar
18. **Memórias Póstumas de Brás Cubas**
Machado de Assis
19. **Lira dos Vinte Anos**
Álvares de Azevedo
20. **Apologia de Sócrates**
Platão
21. **A Metamorfose/Carta a Meu Pai/Um Artista da Fome**
Franz Kafka
22. **Assim Falou Zaratustra**
Friedrich Nietzsche
23. **Triste Fim de Policarpo Quaresma**
Lima Barreto
24. **A Ilustre Casa de Ramires**
Eça de Queirós
25. **Memórias de um Sargento de Milícias**
Manuel Antônio de Almeida
26. **Robinson Crusoé**
Daniel Defoe
27. **Espumas Flutuantes**
Castro Alves
28. **O Ateneu**
Raul Pompéia
29. **O Noviço**
Martins Pena
30. **A Relíquia**
Eça de Queirós
31. **O Jogador**
Dostoiévski
32. **Histórias Extraordinárias**
Edgar Allan Poe
33. **Os Lusíadas**
Luís de Camões
34. **As Aventuras de Tom Sawyer**
Mark Twain
35. **Bola de Sebo e Outros Contos**
Guy de Maupassant
36. **A República**
Platão
37. **Elogio da Loucura**
Erasmo de Rotterdam
38. **Caninos Brancos**
Jack London
39. **Hamlet**
William Shakespeare
40. **A Utopia**
Thomas More
41. **O Processo**
Franz Kafka
42. **O Médico e o Monstro**
Robert Louis Stevenson
43. **Ecce Homo**
Friedrich Nietzsche
44. **O Manifesto Comunista**
Marx e Engels
45. **Discurso do Método / Regras para a Direção do Espírito**
René Descartes
46. **Do Contrato Social**
Jean-Jacques Rousseau
47. **A Luta pelo Direito**
Rudolf von Ihering
48. **Dos Delitos e das Penas**
Cesare Beccaria
49. **A Ética Protestante e o Espírito do Capitalismo**
Max Weber
50. **O Anticristo**
Friedrich Nietzsche
51. **Os Sofrimentos do Jovem Werther**
Goethe
52. **As Flores do Mal**
Charles Baudelaire
53. **Ética a Nicômaco**
Aristóteles
54. **A Arte da Guerra**
Sun Tzu
55. **Imitação de Cristo**
Tomás de Kempis
56. **Cândido ou o Otimismo**
Voltaire
57. **Rei Lear**
William Shakespeare
58. **Frankenstein**
Mary Shelley
59. **Quincas Borba**
Machado de Assis
60. **Fedro**
Platão
61. **Política**
Aristóteles
62. **A Viuvinha / Encarnação**
José de Alencar
63. **As Regras do Método Sociológico**
Émile Durkheim
64. **O Cão dos Baskervilles**
Sir Arthur Conan Doyle
65. **Contos Escolhidos**
Machado de Assis
66. **Da Morte / Metafísica do Amor / Do Sofrimento do Mundo**
Arthur Schopenhauer
67. **As Minas do Rei Salomão**
Henry Rider Haggard
68. **Manuscritos Econômico-Filosóficos**
Karl Marx
69. **Um Estudo em Vermelho**
Sir Arthur Conan Doyle
70. **Meditações**
Marco Aurélio
71. **A Vida das Abelhas**
Maurice Materlinck
72. **O Cortiço**
Aluísio Azevedo
73. **Senhora**
José de Alencar
74. **Brás, Bexiga e Barra Funda / Laranja da China**
Antônio de Alcântara Machado
75. **Eugênia Grandet**
Honoré de Balzac
76. **Contos Gauchescos**
João Simões Lopes Neto
77. **Esaú e Jacó**
Machado de Assis
78. **O Desespero Humano**
Sören Kierkegaard
79. **Dos Deveres**
Cícero
80. **Ciência e Política**
Max Weber
81. **Satíricon**
Petrônio
82. **Eu e Outras Poesias**
Augusto dos Anjos
83. **Farsa de Inês Pereira / Auto da Barca do Inferno / Auto da Alma**
Gil Vicente
84. **A Desobediência Civil e Outros Escritos**
Henry David Toreau
85. **Para Além do Bem e do Mal**
Friedrich Nietzsche
86. **A Ilha do Tesouro**
R. Louis Stevenson
87. **Marília de Dirceu / Cartas Chilenas**
Tomás A. Gonzaga
88. **As Aventuras de Pinóquio**
Carlo Collodi
89. **Segundo Tratado Sobre o Governo**
John Locke
90. **Amor de Salvação**
Camilo Castelo Branco
91. **Broquéis/Faróis**
Cruz e Souza
92. **I-Juca-Pirama / Os Timbiras / Outros Poemas**
Gonçalves Dias
93. **Romeu e Julieta**
William Shakespeare
94. **A Capital Federal**
Arthur Azevedo
95. **Diário de um Sedutor**
Sören Kierkegaard
96. **Carta de Pero Vaz Caminha a El-Rei Sobre o Achamento do Brasil**
97. **Casa de Pensão**
Aluísio Azevedo
98. **Macbeth**
William Shakespeare
99. **Édipo Rei/Antígona**
Sófocles
100. **Lucíola**
José de Alencar
101. **As Aventuras de Sherlock Holmes**
Sir Arthur Conan Doyle
102. **Bom-Crioulo**
Adolfo Caminha
103. **Helena**
Machado de Assis
104. **Poemas Satíricos**
Gregório de Matos
105. **Escritos Políticos / A Arte da Guerra**
Maquiavel

106. Ubirajara
José de Alencar

107. Diva
José de Alencar

108. Eurico, o Presbítero
Alexandre Herculano

109. Contos
Lima Barreto

110. A Luneta Mágica
Joaquim Manuel de Macedo

111. Fundamentação da Metafísica dos Costumes
Immanuel Kant

112. O Príncipe e o Mendigo
Mark Twain

113. O Domínio de Si Mesmo Pela Auto-Sugestão Consciente
Émile Coué

114. O Mulato
Aluísio Azevedo

115. Sonetos
Florbela Espanca

116. Uma Estadia no Inferno / Poemas / Carta do Vidente
Arthur Rimbaud

117. Várias Histórias
Machado de Assis

118. Fédon
Platão

119. Poesias
Olavo Bilac

120. A Conduta para a Vida
Ralph Waldo Emerson

121. O Livro Vermelho
Mao Tsé-Tung

122. Oração aos Moços
Rui Barbosa

123. Otelo, o Mouro de Veneza
William Shakespeare

124. Ensaios
Ralph Waldo Emerson

125. De Profundis / Balada do Cárcere de Reading
Oscar Wilde

126. Crítica da Razão Prática
Immanuel Kant

127. A Arte de Amar
Ovídio Naso

128. O Tartufo ou o Impostor
Molière

129. Metamorfoses
Ovídio Naso

130. A Gaia Ciência
Friedrich Nietzsche

131. O Doente Imaginário
Molière

132. Uma Lágrima de Mulher
Aluísio Azevedo

133. O Último Adeus de Sherlock Holmes
Sir Arthur Conan Doyle

134. Canudos - Diário de Uma Expedição
Euclides da Cunha

135. A Doutrina de Buda
Siddharta Gautama

136. Tao Te Ching
Lao-Tsé

137. Da Monarquia / Vida Nova
Dante Alighieri

138. A Brasileira de Prazins
Camilo Castelo Branco

139. O Velho da Horta / Quem Tem Farelos?
Gil Vicente

140. O Seminarista
Bernardo Guimarães

141. O Alienista
Machado de Assis

142. Sonetos
Manuel du Bocage

143. O Mandarim
Eça de Queirós

144. Noite na Taverna/Macário
Álvares de Azevedo

145. Viagens na Minha Terra
Almeida Garret

146. Sermões Escolhidos
Padre Antonio Vieira

147. Os Escravos
Castro Alves

148. O Demônio Familiar
José de Alencar

149. A Mandrágora / Belfagor, o Arquidiabo
Maquiavel

150. O Homem
Aluísio Azevedo

151. Arte Poética
Aristóteles

152. A Megera Domada
William Shakespeare

153. Alceste/Electra/Hipólito
Eurípedes

154. O Sermão da Montanha
Huberto Rohden

155. O Cabeleira
Franklin Távora

156. Rubáiyát
Omar Khayyám

157. Luzia-Homem
Domingos Olímpio

158. A Cidade e as Serras
Eça de Queirós

159. A Retirada da Laguna
Visconde de Taunay

160. A Viagem ao Centro da Terra
Júlio Verne

161. Caramuru
Frei Santa Rita Durão

162. Clara dos Anjos
Lima Barreto

163. Memorial de Aires
Machado de Assis

164. Bhagavad Gita
Krishna

165. O Profeta
Khalil Gibran

166. Aforismos
Hipócrates

167. Kama Sutra
Vatsyayana

168. O Livro da Jângal
Rudyard Kipling

169. De Alma para Alma
Huberto Rohden

170. Orações
Cícero

171. Sabedoria das Parábolas
Huberto Rohden

172. Salomé
Oscar Wilde

173. Do Cidadão
Thomas Hobbes

174. Porque Sofremos
Huberto Rohden

175. Einstein: o Enigma do Universo
Huberto Rohden

176. A Mensagem Viva do Cristo
Huberto Rohden

177. Mahatma Gandhi
Huberto Rohden

178. A Cidade do Sol
Tommaso Campanella

179. Setas para o Infinito
Huberto Rohden

180. A Voz do Silêncio
Helena Blavatsky

181. Frei Luís de Sousa
Almeida Garrett

182. Fábulas
Esopo

183. Cântico de Natal/ Os Carrilhões
Charles Dickens

184. Contos
Eça de Queirós

185. O Pai Goriot
Honoré de Balzac

186. Noites Brancas e Outras Histórias
Dostoiévski

187. Minha Formação
Joaquim Nabuco

188. Pragmatismo
William James

189. Discursos Forenses
Enrico Ferri

190. Medéia
Eurípedes

191. Discursos de Acusação
Enrico Ferri

192. A Ideologia Alemã
Marx & Engels

193. Prometeu Acorrentado
Ésquilo

194. Iaiá Garcia
Machado de Assis

195. Discursos no Instituto dos Advogados Brasileiros
Rui Barbosa

196. Édipo em Colono
Sófocles

197. A Arte de Curar pelo Espírito
Joel S. Goldsmith

198. Jesus, o Filho do Homem
Khalil Gibran

199. Discurso sobre a Origem e os Fundamentos da Desigualdade entre os Homens
Jean-Jacques Rousseau

200. Fábulas
La Fontaine

201. O Sonho de uma Noite de Verão
William Shakespeare

202. Maquiavel, o Poder
José Nivaldo Junior

203. Ressurreição
Machado de Assis

204. O Caminho da Felicidade
Huberto Rohden

205. A Velhice do Padre Eterno
Guerra Junqueiro

206. O Sertanejo
José de Alencar

207. Gitañjali
Rabindranath Tagore

208. O Senso Comum e A Crise
Thomas Paine

209. Canaã
Graça Aranha

210. O Caminho Infinito
Joel S. Goldsmith

211. Pensamentos
Epicuro

212. A Letra Escarlate
Nathaniel Hawthorne

213. Autobiografia
Benjamin Franklin

214. Memórias de Sherlock Holmes
Sir Arthur Conan Doyle

215. O Dever do Advogado / Posse de Direitos Pessoais
Rui Barbosa

216. O Tronco do Ipê
José de Alencar

Série Ouro
(Livros com mais de 400 p.)

1. Leviatã
Thomas Hobbes

2. A Cidade Antiga
Fustel de Coulanges

3. Crítica da Razão Pura
Immanuel Kant

4. Confissões
Santo Agostinho

5. Os Sertões
Euclides da Cunha

6. Dicionário Filosófico
Voltaire

7. A Divina Comédia
Dante Alighieri

8. Ética
Baruch de Spinoza

9. Do Espírito das Leis
Montesquieu

10. O Primo Basílio
Eça de Queirós

11. O Crime do Padre Amaro
Eça de Queirós

12. Crime e Castigo
Dostoiévski

13. Fausto
Goethe

14. O Suicídio
Émile Durkheim

15. Odisséia
Homero

16. Paraíso Perdido
John Milton

17. Drácula
Bram Stocker

18. Ilíada
Homero

19. As Aventuras de Huckleberry Finn
Mark Twain

20. Paulo – O 13º Apóstolo
Ernest Renan

21. Eneida
Virgílio

22. Pensamentos
Blaise Pascal

23. A Origem das Espécies
Charles Darwin

24. Vida de Jesus
Ernest Renan

25. Moby Dick
Herman Melville

26. Os Irmãos Karamazov
Dostoiévski

27. O Morro dos Ventos Uivantes
Emily Brontë

28. Vinte Mil Léguas Submarinas
Júlio Verne

29. Madame Bovary
Gustave Flaubert

30. O Vermelho e o Negro
Stendhal

31. Os Trabalhadores do Mar
Victor Hugo

32. A Vida dos Doze Césares
Suetônio

33. Grandes Esperanças
Charles Dickens

34. O Idiota
Dostoiévski

35. Paulo de Tarso
Huberto Rohden

36. O Peregrino
John Bunyan

37. As Profecias
Nostradamus